기도의 힘

백전백승 · 기도응답 · 승전기

힘

| 박요한 지음 |

쿰란출판사

기도의 힘

백전백승 · 기도응답 · 승전기

| 프롤로그 |

  이 책은 기도 응답에 관한 책이다. 기도는 응답 받아야 기도다. 응답 받지 못한 기도가 어떻게 기도가 될 수 있는가? 기도는 명상이 아니다. 기도했다는 행위로만 위로를 삼을 수는 없다. 기도는 하나님께 부르짖어 응답 받는 것이다. 무능한 현대 기독교는 기도 응답이 없는 이유를 찾기에 급급하다. 하나님은 세 가지로 응답하신다고 자주 들었다. 예, 아니오, 기다려라. 무능한 기독교가 찾아낸 변명이다. 기도 응답은 한 가지뿐이다. 응답은 기도한 것을 받는 것이지 거절이나 기다리라는 것은 응답이 아니다.

  당신이 은행에서 돈을 빌리려고 했을 때 은행 직원이 "아니오"라고 말했거나 "좀 더 있다가 자격이 되면 오세요"라고 말했다면 당신은 거절당한 것이다. 그러면 당신은 대출을 받을 자격을 갖추거나 서류를 다시 마련해서 은행을 찾아간다. 그리고 대출 승낙을 받는다. 당신은 응답 받은 것이다.

> 그를 향하여 우리가 가진 바 담대함이 이것이니 그의 뜻대로 무엇을 구하면 들으심이라 우리가 무엇이든지 구하는 바를 들으시는 줄을 안즉 우리가 그에게 구한 그것을 얻은 줄을 또한 아느니라 요일 5:14~15

사도 요한은 기도를 두 가지로 간단하게 요약한다.

첫째, 하나님의 뜻대로 구하라.
둘째, 구한 대로 얻는다.

이것이 기도의 전부다. 원인이 있으면 결과가 있다. 결과가 없는 것은 원인이 잘못되었기 때문이다. 하나님의 뜻대로 구하면 반드시 응답 받는다. 구해도 응답을 받지 못하는 것은 잘못 구하고 있기 때문이다. 원인을 고치면 결과는 반드시 나온다.

야고보는 잘못된 기도에 대해 두 가지로 말한다.

첫째는 기도의 태도다.

> 오직 믿음으로 구하고 조금도 의심하지 말라 의심하는 자는 마치 바람에 밀려 요동하는 바다 물결 같으니 이런 사람은 무엇이든지 주께 얻기를 생각하지 말라 약 1:6

마음에 의심하는 사람은 여러 가지 방법 중에 기도를 한 가지 방법으로 사용한다. 기도를 유일한 길이라고 여기지 않는다. 이런 사람은 기도한 것을 믿기보다는 현실을 더 믿는다. 그래서 기도한 후에도 여전히 현실을 말하고, 현실을 고민한다.

기도 응답을 믿는다는 것은 기도한 내용이 응답된 것을 생각하고, 응답된 것처럼 말하고, 응답된 것처럼 감사하고, 응답된 것처럼 행동하는 것을 말한다. 믿음은 응답이 현실로 나타나기 전에 이미 응답된 것으로 여기며 행동한다.

둘째는 기도의 내용이다.

> 구하여도 받지 못함은 정욕으로 쓰려고 잘못 구하기 때문이라 약 4:3

은행에서 발행한 수표를 가지고 가면 은행에서 돈을 지급한다. 그러나 내가 만든 수표를 가지고 가면 은행에서 돈을 지불하지 않는다. 은행은 자기가 발행한 수표에만 매이기 때문이다. 이처럼 기도가 응답을 받으려면 기도 내용이 하나님의 말씀에 근거를 두어야 한다. 하나님은 약속에 매이시는 분이다. 약속이 없는 기도는 응답하지 않으신다. 하나님은 약속한 것만 주시기 때문이다.

> 사람이 귀를 돌려 율법을 듣지 아니하면 그의 기도도 가증하니라 잠 28:9

성경은 기도 응답으로 가득 차 있다. 기도 응답이 있다는 것은 하나님과 교통이 원활하다는 뜻이다. 기도 응답을 받을 때 하나님이 실제가 된다. 종교와 형이상학에 갇혔던 하나님이 기도 응답을 받는 순간 내게 현실이 된다. 그리스도인이 무능한 이유는 기도 응답이 없기 때문이다. 기도 응답을 받은 경험이 없는 그리스도인은 현실에서 무능하다. 그들은 하나님 없는 현실을 살다가 교회에 와서 종교적 형식을 지키고 돌아가는 것으로 작은 위로를 삼는다.

바울은 하나님의 나라가 말에 있지 않고 능력에 있다고 했다. 기도는 단지 간구로 위로를 받는 것이 아니다. 기도는 응답 받아야 한다. 기도 응답이 임할 때 인생에 지진이 일어난다. 응답이 임할 때 하나님의 실재를 경험한다. 기도 응답을 경험한 사람은 어떤 환경에서도 절망하지 않는다. 하나님이 도와주신다는 배짱이 있기 때문이다. 이런 사람은 사망의 음침한 골짜기 속에서도 당당하게 살아간다.

이 책에는 하나님의 응답이 고스란히 담겨 있다. 하나님은 부르짖는 자녀들의 기도를 반드시 응답하신다. 기도는 실패하지 않는다. 기도는 어떤 장애물도 이길 수 있는 강력한 힘이다. 이 책을 읽으면서 기도의 열정을 회복하시기를 바란다. 기도하다가 낙심한 형제, 자매들이 다시 기도의 무릎을 꿇기를 바란다.

기도는 학문으로 배우지 못한다. 기도는 기도의 무릎으로만 배울 수 있다. 이 책이 기도에 관한 지식을 더하는 책이 아니라 당신을 당장 무릎을 꿇게 만드는 책이 된다면 더없이 기쁘겠다. 바로 그 목적을 위해 이 책이 쓰여졌다.

2015년 2월 5일

박 요 한(서울안디옥교회)

| 차례 |

프롤로그 · 4

제1부 백전백승 기도 응답 노트

chapter 1   하늘의 능력을 입다 · 14

chapter 2   내가 몰랐던 진실 · 24

chapter 3   기도의 용기 · 34

chapter 4   은혜가 먼저다 · 44

chapter 5   진짜 기도를 드릴 때 일어나는 일 · 54

chapter 6   응답이 오기 전에 해야 할 일 · 64

chapter 7   천사의 도움을 간구하라 · 74

chapter 8   무릎으로 기도를 배우다 · 85

chapter 9   응답을 기다리는 자들에게 주는 조언 · 94

chapter 10 용서하고 축복하라 · 103

chapter 11 하나님, 설교 잘하게 해 주세요 · 112

chapter 12 기도에 전부를 걸다 · 122

제2부 기도 응답의 법칙

chapter 1 올바른 기도의 길 / 마 6:9~13 · 134

chapter 2 기도를 현실로 만드는 법 / 마 11:20~24 · 146

chapter 3 기도 응답과 고백 / 막 11:23 · 161

chapter 4 기도 응답과 믿음 / 막 11:24 · 174

chapter 5 하나님이 일하시는 방식 / 마 13:12 · 185

1부
백전백승 기도응답 노트

하늘의 능력을 입다
내가 몰랐던 진실
기도의 용기
은혜가 먼저다
진짜 기도를 드릴 때 일어나는 일
응답이 오기 전에 해야 할 일
천사의 도움을 간구하라
무릎으로 기도를 배우다
응답을 기다리는 자들에게 주는 조언
용서하고 축복하라
하나님, 설교 잘하게 해 주세요
기도에 전부를 걸다

chapter 1
하늘의 능력을 입다

기도로 이끄심

2005년 연말부터 기도하면 자꾸 눈물이 흘렀다. 하나님이 내 속에 있는 더러움을 보게 하시고 눈물로 회개하도록 은혜를 주셨다. 나는 기도할 때마다 통곡하면서 울었다. 눈물이 흐를 때마다 하나님은 나의 심령을 정결하게 씻어 주셨다.

2006년이 되면서 기도에 힘을 얻었다. 하나님은 죄를 씻어 주신 후에 깊은 기도로 인도해 주셨다. 나는 매일 하루에 7시간씩 기도했다. 아침에 무릎을 꿇으면 저녁이 될 때까지 강단에서 주님과 깊은 교통을 나누었다. 한겨울에

온기가 없는 예배당은 너무 추웠다. 내복과 옷을 다 입고 두꺼운 외투를 입고도 이불을 뒤집어 써야 했다. 그렇게 무장을 하고 하루도 빠뜨리지 않고 기도를 했다.

초자연적인 능력의 임재

추운 겨울을 지나 봄이 깊어질 때까지 나는 강단에서 하루 일곱 시간씩 쉬지 않고 기도했다. 여름이 가까워 오던 어느 날 주님이 마음에 감동을 주셨다. '사람들에게 말씀을 증거하라.' 나는 대답하기를 '주님, 저는 항상 말씀을 전하고 있는데요' 라고 했다. 주님이 계속 감동하시기를 '사람들에게 나의 능력을 증거하라' 고 하셨다.

순종하는 마음으로 집회를 열었다. 많은 사람들이 참석했다. 말씀을 전하고 한 사람씩 기도해 주는 시간인데 사람들이 모두 일어나서 기도 받기를 기다리고 있었다. 처음 사람에게 손을 얹었는데 '쿵' 하고 쓰러졌다. 둘째 사람도 동일하게 쓰러졌다. 셋째, 넷째... 모든 사람이 성령의 능력 아래 안식했다.

한 젊은 부인은 내가 손을 얹기도 전에 부들부들 떨더니 뒤로 나가 떨어져 버렸다. 중간 쯤에 이르자 덩치가 산만한 사람이 내 앞에 버티고 서 있었다. 나의 키가 그 남자의 가슴에서 목 사이밖에 오지 않았는데 손을 위로 뻗어 머리에 살짝 얹는 순간 내 머리가 아찔하더니 산처럼 덩치 큰 남자가 고목처럼 뒤로 쓰러져 버렸다.

나는 예상치 못한 현상들을 보면서 당황하면서도 한편으로는 너무 기뻤다. 하나님의 능력이 역사하는 현장을 보면서 뛸 듯이 기쁨이 넘쳐났다. 그날 저녁 하나님의 능력은 계속 우리 가운데 임재했고 기도 받은 모든 사람이 성령 안에서 안식을 누리는 기쁨을 경험했다.

다음날 간증을 통해서 우리는 놀라운 주님의 치유를 목격했다. 전날 안수 받은 사람들 중에 50대 중반 남자가 있었다. 피골이 상접하고 너무 힘이 없어 서 있기도 불가능해 보였다. 그분에게 손을 얹자마자 쓰러졌는데 이것은 굳이 성령의 능력이라고 말하기도 민망할 만큼 그는 쇠약해 있었다. 이분은 목사님인데 위암에 걸려 목회를 은퇴하시고 조용한 시골에서 요양하고 있었다. 집회 소문을 듣고 참석했는데 음식이라고는 입에 대지도 못하는 중한 상황이었다. 병원에서도 포기하고 음식은 입에도 대지 못하는 상태였으니 죽을 날만 기다리고 있었다.

그런데 첫날 안수를 받고 성령 안에서 안식하는 동안 하나님께서 이분을 만져 주셨다. 전혀 음식을 먹지도 못하고, 고통 때문에 밤에 잠도 못 자는 위급한 상황이었는데 지난밤에 돌아가니 배가 고파서 믿음으로 밥을 먹었는데도 통증이 전혀 없었다고 했다. 잠도 한 번도 깨지 않고 아침까지 편안하게 잘 잤다고 했다.

그날 아침, 점심, 저녁을 다 먹었는데도 소화가 잘 되고 전혀 통증이 없다고 감격하면서 간증했다. 하나님께서 치유해 주신 것이다. 나에게 명함을 달라고 하면서 평생 목사님을 따라다니면서 목회를 돕겠다고 하는 것을 조용히 거절했다. 몇 달 후 다시 만났을 때 완전히 건강이 회복되어 있었다. 하나님께 찬송을 드린다.

기도하면 능력이 임한다

기도하면 능력이 임한다. 기도하지 않는 곳에는 능력이 없다. 날마다 TV를 보는 사람에게 능력이 임할 리가 없다. 잠자는 사람이 자다가 능력을 입은 예가 없다. 하나님은 기도하는 자에게 능력을 주신다. 능력은 내 것이 아니다. 능력은 하나님이 주실 때 가질 수 있다. 능력이 임하면 내게서 능력이 나간다. 능력이 없는데 능력이 나갈 수는 없다.

능력이 나가려면 먼저 나에게 능력이 있어야 한다. 내게 하나님의 능력이 임재해 있을 때 그 능력이 나가 실제적인 역사를 일으킨다. 이것이 기도의 힘이다. 기도할 때 하나님의 능력이 임하고 인간의 힘으로 불가능한 초자연적인 기적이 일어나게 된다. 능력을 입으려면 기도해야 한다. 기도의 사람이 되려면 어떻게 해야 하는지 몇 가지 소개하고자 한다.

기도의 사람이 되려면

첫째, 기도 시간을 작정하라.

기도는 작정한 만큼 한다. 기도하기 전에 한 시간 기도하겠다고 작정하면 한 시간 기도하게 된다. 세 시간 기도하겠다고 작정하면 세 시간 기도하게 된다. 세 시간 기도하기로 작정하고 나면 한 시간쯤은 아무것도 아니다. 훌쩍 지나간다. 이미 마음으로 한 시간만 기도하기로 작정하면 한 시간이 지나고 난 다음부터는 시간이 가지 않는다. 몸이 뒤틀리고 견딜 수 없도록 지루해진다. 그러므로 기도할 때 충분한 시간을 작정하고 기도를 시작하는 것이 도움이 된다. 작정한 기도 시간을 채우려고 노력하다 보면 기도가 길어지는 것과 동시에 깊어지는 축복을 누린다.

둘째, 기도는 싸움이다.

기도하는 내내 오로지 마음을 하나님께로 향한다는 것은 대단한 영적인 싸움이다. 처음에는 소리를 내어 기도하지만 한두 시간이 지나면 소리 내어 기도할 힘이 사라진다. 몇 시간씩 부르짖는다는 것은 불가능하다. 한나가 처음에는 통곡하며 기도하다가 나중에는 힘이 빠져 입술만 달싹거렸다고 성경은 말하고 있지 않은가!

나는 이것이 무엇인지 잘 안다. 나도 처음에는 부르짖어 기도하지만 한두 시간이면 말이 사라진다. 간헐적인 소리만 나올 뿐 더 이상 부르짖는 것은 불가능하다. 그러나 그런 때라도 마음은 주님께 집중을 하고 있다. 마음이 흐트러지면 기도가 죽는다. 기도는 끝까지 마음을 하나님께 집중하는 것이다. 이것은 대단히 어려운 영적 싸움이다. 마음을 하나님께 집중할 때 하나님의 깊은 세계를 경험하게 된다. 신비한 영적인 능력이 임한다.

셋째, 인내하며 기도하라.

기도는 저수지에 물을 저수하는 것과 같다. 저수지를 만들었다고 하루아침에 물이 차는 것은 아니다. 최소한 몇 달 혹은 몇 년을 기다려야 한다. 기도가 마찬가지다. 며칠 기도했다고 능력이 오는 것은 아니다. 최소한 꾸준히 몇 년은 기도해야 능력이 임한다. 저수지에 물이 가득 차면 언제든지 물을 사용할 수 있듯이 꾸준히 기도를 통해 영적으로 충만해지면 항상 일정한 영적인 수준을 유지할 수 있다. 그러므로 꾸준한 기도가 중요하다. 영적으로 민감한 감각을 가지고 살기 위해서는 적어도 하루 한 시간 이상 매일 기도하는 것은 필수적이다.

넷째, 기도 시간에 마음을 집중하라.

집중적으로 기도할 때 능력이 임한다. 예수님은 승천하시면서 제자들에게 너희는 위로부터 능력을 입을 때까지 예루살렘 성에 머물라고 했다. 제자들은 마가 다락방에 모여서 위로부터 능력을 입혀 달라고 열흘 동안 기도했다. 성경은 제자들이 오로지 기도에 힘썼다고 기록하고 있다. 이 말은 모든 시간을 기도에 드렸다는 말이다.

그리스도인으로 영적인 능력을 입기 위해서는 일정한 기간 동안 시간을 떼어 오로지 기도에만 헌신하는 것이 필요하다. 나는 2006년 첫날부터 하루 일곱 시간씩 기도를 작정했다. 하루도 빠뜨리지 않고 매일 기도하기를 6개월을 지속했다. 하나님은 기도 시간을 절대 잊지 않으신다. 기도한 만큼 능력을 받는다. 현대 크리스천들에게 영적 파워가 없는 것은 기도하지 않기 때문이다. 기도를 해도 아주 간단하고 짧은 기도로 만족하기 때문이다. 큰 물고기는 깊은 바다에 들어가야 잡을 수 있듯이 영적인 거장이 되려면 오랜 기도 훈련을 거쳐야 한다. 하나님과 깊은 교제에 들어갈 때까지 기도하라. 오랜 시간 인내하며 기도하는 것을 훈련하라. 능력은 집중적으로 드리는 기도 시간과 비례한다.

다섯째, 기도는 길을 가는 것과 같다.

기도를 많이 하는 사람도 항상 기도가 잘 되는 것은 아니다. 기도는 오르막과 내리막이 있다. 오르막을 만나면 기도가 어렵다. 내 경험으로는 기도가 오르막을 만날 때는 일 분, 일 분이 너무 지루하고 길게 느껴진다. 그러나 낙심하지 않는다. 오르막을 지나면 내리막이 있기 때문이다. 기도가 항상 힘들기만 하다면 아무도 계속 기도하지 못한다. 힘겨운 기도 시간 때문에 두려울 때 하나님은 신비한 은혜를 주신다.

기도가 내리막길을 만나면 몇 시간을 기도해도 지루하지 않다. 성령님이 내 속에서 기도하는 것을 확연하게 느낀다. 마음이 뜨겁고 입술은 가볍다. 아무리 기도해도 지루하지 않다. 눈물이 흐르고 온몸은 성령의 불로 활활 타오른다. 이런 경험이 없다면 어떻게 기도하겠는가? 기도하다가 오르막을 만나도 실망하지 않는 것은 이런 주님의 위로가 있기 때문이다. 오르막과 내리막을 번갈아 가지만 계속 길을 가다보면 어느새 목적지에 도착한다. 기도가 힘든 고비를 만났다고 해도 결코 포기하지 마라. 계속 기도하라. 포기하지 않고 기도하는 자만이 하늘의 능력을 입을 수 있다.

하늘의 능력을 입어라

능력은 배워서 얻는 것이 아니다. 능력은 무릎으로 받는다. 기도하는 자만이 능력을 받을 수 있다. 현실을 돌파하는 하늘의 능력을 입고 싶은가? 육체의 한계를 뛰어넘어 하나님의 역사에 동참하고 싶은가? 기도의 골방으로 가라. 사람들과 교제하는 시간을 줄이고 하나님과 교제하라. 학문은 반드시 필요하지만 필요 이상의 학문으로 시간을 낭비하지 마라. 나도 독서를 좋아해서 일 년에 2백 권 이상의 책을 읽는다. 그러나 지식만으로는 사람을 살리지 못한다. 이 시대는 지식이 넘치는 시대다. 지식이 공해가 된 시대가 도래했다. 그러나 안타깝게도 기도의 무릎이 약한 시대가 되고 말았다. 말은 많으나 능력이 없는 시대가 되었다.

하나님을 깊이 만난 사람은 하늘의 능력을 입는다. 하늘의 능력을 입은 자만이 초자연적인 역사에 동참할 수 있다. 기적이 사라졌다고 말하지 마라. 다만 기도가 사라졌을 뿐이다. 우리가 믿음의 선배들처럼 기도의 열정을 회복한다면 하나님의 능력은 다시 한 번 우리를 강타할 것이다. 기적의 시대가 폭풍처럼 도래할 것이다. 나는 기적의 시대를 사모한다. 하나님이 우리 가운데 오셔서 현실이 되는 역사를 보고 싶다. 하나님이 우리의 실제가 되는 사건을 목도하고 싶다.

하늘의 능력을 사모하라. 말과 논쟁이 난무한 시대에 동참하지 마라. 하늘의 능력을 입을 때까지 기도의 무릎으로 천국을 침노하라. 하늘 문이 열리고 능력이 소나비같이 임하도록 간구하라. 거룩한 능력이 조롱받는 세대에 하나님의 능력이 현실이 되도록 기도의 무릎을 강하게 하라. 기도의 무릎은 가장 영적이지만 가장 실제적인 능력이다.

chapter 2
내가 몰랐던 진실

무서운 통증, 통증, 통증

20대 초반 어느 날 갑자기 몸에 있는 모든 뼈마디가 부어오르기 시작했다. 통증이 오면서 관절을 굽히지 못하게 되었다. 내 손가락 모든 마디가 부어올랐고, 통증이 몰려왔다. 손목과 팔목은 붓지는 않았지만 통증이 생겼다. 발가락과 발목은 괜찮았지만 무릎은 부어오르면서 통증이 찾아왔다. 정강이는 매끈해야 하는데 그곳에 손 마디만한 뼈가 툭툭 튀어나왔다. 손으로 눌러보면 딱딱한 뼈가 잡혔다. 그러나 그곳에 통증은 없었다. 목과 어깨와 허리를 제외한 모든 관절에 통증이 몰려왔다.

시간이 지날수록 통증은 심해지더니 몇 주가 지나자 모든 관절을 굽히거나 펴지 못할 만큼 통증이 극심해졌다. 손가락을 한 번 펴려면 30초 이상 통증을 참으며 펴야 했고, 무릎을 굽히고 앉으려면 이것도 30초 이상 통증을 참으며 천천히 자리에 앉아야 했다. 걸을 때는 무릎을 굽히면 통증이 오니까 나무 막대기처럼 뻣뻣하게 걸어야 했다. 이것이 그나마 통증을 느끼지 않고 걸을 수 있는 최선의 자세였다.

밤에 잠을 잘 때는 하루에도 몇 번씩 비명을 지르며 깨어나야 했다. 무의식적으로 무릎을 굽힐 때 통증이 갑자기 몰려오니까 잠을 자다가 비명을 지르며 깨는 것이다. 잠에 취해 고통을 잊을 만도 한데 그 고통이 잠에 취한 무의식을 확 깨울 만큼 심했다는 증거다.

이러기를 몇 개월을 지속했다. 처음에는 별 것 아니겠거니 대수롭지 않게 여겼는데 날이 갈수록 통증은 심해지고 생활이 불가능해지니 병원에 갔다. 병원에서 류머티스 관절염이라고 했다. 그러면서 약을 주는데 그 약이 얼마나 독한지 약을 먹으면 아무런 통증을 느끼지 못했다. 몸의 모든 기관을 마비시켜 버리는 강력한 진통제였다.

그런데 문제는 약을 먹고 나면 잠에 취한 것처럼 항상 몽롱한 상태로 있어야 했다. 정상적인 생활이 불가능했다.

정기적으로 병원에 가서 약을 타 먹으면서 치료를 받았다. 그러나 약은 통증만 멈추게 할 뿐 아무런 치유도 주지 못했다. 고통은 날로 더욱 심해 가는데 치료 방법은 없었다. 그저 정신까지 마비시키는 강력한 진통제를 먹고 하루하루 참는 것이 전부였다. 약 기운이 떨어지면 또 통증이 몰려오고 그러면 또 약을 먹고...이런 생활을 반복했다.

잘못된 신학의 장벽

나는 그때 신실한 그리스도인이었다. 대학 입시에 떨어진 후 약간의 방황은 있었지만 다시 돌아와 신실한 신앙생활을 하고 있었다. 모태신앙으로 주일 학교에서부터 고등학교를 졸업하기까지 아주 성실하게 신앙생활을 했다. 모든 성경을 하나님의 말씀으로 믿었다. 매일 기도 생활을 했고, 교회생활에도 열심이었다.

그런데 웬일인지 나는 그런 고통을 겪으면서도 한 번도 하나님께 병을 치료해 달라고 기도하지 않았다. 어린 시절 교회에서 '하나님은 영의 병을 고치고 의사는 육체의 병을 고친다' 는 말을 너무 자주 들었던 탓이었다. 이 시대는 하나님이 치료하시는 시대가 아니다. 하나님은 우리에게 의술을 주시고 하나님은 의술을 통해 치료하신다.

그러므로 하나님께 병 고쳐 달라고 기도하는 것은 기복주의 신앙이라고 강력하게 배웠다. 병 고침과 기적은 적그리스도의 전형적인 모양이니까 병 고쳐 달라고 기도하는 것은 사이비 신앙이라고 배웠다. 이것을 신학에서는 보수주의라고 말한다. 나는 보수주의 신앙 교육을 철저히 받으면서 자랐다.

신학이 얼마나 무서운지 그때 알았다. 잘못 배우면 죽어가면서도 주님을 붙들지 못한다. "진리를 알지니 진리가 너희를 자유롭게 하리라"(요 8:32). 이 말씀이 얼마나 옳은가? 나는 병 고침에 대한 진리를 알지 못했다. 성경에 모두 기록되어 있었지만 나는 이 진리를 한 번도 설교를 통해 들어보지 못했다. 이단과 사이비들의 요사스러운 속임수로만 들었다.

그렇게 진리 밖에서 고통을 당하면서 병원을 다닌 지 6개월이 지났다. 병세는 호전되지 않고 고통은 더할 수 없이 심해졌다. 진통제를 먹고 몽롱한 정신으로 사는 것에 진력이 났다. 나는 갈급했다. 내 속에서 병에서 벗어나고 싶다는 소원이 뜨겁게 올라왔다. 이대로 병원만 다니는 것은 무의미하다는 데 생각이 미쳤다.

나는 고통의 한가운데서 주님을 찾기 시작했다. 그동안 주님을 날마다 찾았지만 이런 문제로, 정말 이렇게 유치한 육적인 문제로 어린 시절 목사님이 그렇게 가르치며 경계했던 병 고침의 신앙 속으로 들어가기 시작했다. 정확히 6개월이 지난 후에야 나는 처음으로 하나님께 병을 고쳐 달라고 기도했다. 견고한 신학을 깨뜨리는 것이 이렇게 어려웠다. 죽을 지경이 되어서야 주님께 고쳐 달라고 부르짖었다.

병이 깊어지자 영혼에 갈급함이 몰려왔다. 병 고침의 문제만큼 절박하게 내 마음에 은혜를 받고 싶다는 목마름이 생겼다. 그때는 이미 인격적으로 주님을 만났고, 성령 체험을 했다. 그러나 내 신앙에서 중요한 것을 놓치고 있다는 느낌이 들었다. 나는 예배에 참석했고, 부흥회가 있으면 갈급한 마음으로 찾아가 말씀을 들었다.

성경에 눈을 뜨다

그날도 목마름을 가지고 집회에 참석했다. 강사 목사님은 미국에서 목회하는 분이었는데 서울대학을 졸업하고 미국에서 목회하신다고 소개했다. 목사님이 말씀을 전하는데 이제까지 한 번도 들어보지 못한 말씀을 전하고 계셨다. 치유의 말씀이었다. 본문은 '예수님이 우리 모든 연약한 것을 친히 담당하시고 질병을 짊어지셨다'는 말씀이었다(마 8:17).

예수님은 어제나 오늘이나 영원토록 동일하셔서 오늘도 병을 고치신다고 증거했다. 예수님이 채찍에 맞으심으로 우리의 모든 병이 나음을 입었다고 증거하는데 이 말씀이 마음에 확 부딪혔다. 마음에 믿음이 생기면서 '그렇다면 내 병도 주님이 고쳐주셨다' 는 확신이 왔다. 마음이 요동치고 설레었다. 이런 말씀은 생전 처음 들어보는 말씀이었다. 병 고침을 기복주의라고 비판하는 설교는 수십 번도 더 들었지만 병 고침이 주님의 뜻이라는 설교는 한 번도 들어보지 못했다.

그런데 내가 지금 병들었지 않은가? 내게 이 말씀보다 더 절실한 말씀이 어디 있는가? 나는 그 말씀을 잡았다. 집으로 돌아와서 주님이 주신 말씀을 잡고 기도하기 시작했다. 뜨거운 마음과 흥분으로 주님의 치료를 기대하며 기도했다.

말씀을 붙들고 기도하였더니

하루, 이틀, 사흘…거의 하루의 모든 시간을 기도 드렸지만 응답이 없었다. 관절은 여전히 퉁퉁 부어 있었고, 통증은 견디지 못할 만큼 극심했다. 나는 말씀을 붙들고 기도하면 금방 기적이 일어날 줄 알았다. 내 마음이 뜨거운 만큼 응답도 빨리 올 줄 알았다. 그러나 하나님은 침묵하고 계셨다. 나흘, 닷새, 엿새 아무리 기도해도 응답은 없었다. 하늘 문은 닫혀 있었고 내 기도는 공중에 흩어졌다.

그래도 나는 포기할 수 없었다. 왜냐하면 통증을 견디느니 기도하는 것이 훨씬 이익이 되는 거래였기 때문이었다. 일주일째 그날도 주님께 병 고침을 위해 기도했다. 그러나 여전히 그대로…나는 아픈 몸을 이끌고 잠자리에 들었다.

'하나님, 오늘 저녁은 잠에서 깨지 않게 해 주세요. 너무 아프니까 몸부림을 치지 않고 푹 자도록 인도해 주세요.' 그렇게 기도하고 잠자리에 들었다.

아침이 되었다. 나도 모르게 몸을 일으켰다. 몸이 좀 전과는 다른 것을 느꼈다. '아니, 지난밤에 한 번도 깨지 않고 푹 잤네.' 그렇게 생각하고 몸을 일으키는데 부드럽게 관절이 움직였다. 손가락을 굽혀 보았다. 자유롭게 막 움직였다. 무릎 관절을 굽혔다 폈다 해 보니 통증이 전혀 없었다. 잠옷을 걷고 정강이를 만져 보았다. 흉측하게 튀어나왔던 뼈가 흔적 없이 사라져 버렸다. 머리부터 발끝까지 모든 통증이 사라져 버렸다.

지난밤에 무슨 일이 일어난 것이지? 내가 알지 못하는

사이, 잠을 자고 있는 동안 주님이 나를 만져 주신 것이다. 주님께서 그 끔찍한 고통으로부터 완전한 자유를 주셨다. 이것이 벌써 20년 전의 일인데 그 후로 관절 때문에 아픈 적이 한 번도 없었다.

성경은 현재를 위한 책

성경을 과거의 책으로 믿기 때문에 기도 응답이 없다. 성경을 종교적인 교훈으로 생각하기 때문에 교회 안에만 가두어 두는 것이다. 아무도 말씀을 학교에 가지고 가지는 않는다. 아무도 말씀을 직장에 가지고 가지도 않는다. 아무도 말씀을 병원에 가지고 가지 않는다. 말씀은 교회에서 통하는 이야기지 현실에 오면 무능해진다. 이것이 우리의 비극이다. 성경에 기록된 모든 말씀은 현실이다. 성경의 모든 약속은 우리를 위한 약속이다.

"예수 그리스도는 어제나 오늘이나 영원토록 동일하시니라" 히 13:8

예수님은 현실이시다. 이것을 믿어야 한다. 범사에 예수 그리스도가 주인 되심을 인정하라.

나는 6개월을 고통 가운데 있으면서도 내 병을 주님께 내어놓지 않았다. 주님을 영혼의 주인으로만 가두어 주었다. 내가 병을 주님께 내어놓고 주님께 기도하자 주님은 내 병의 주인이 되셨다. 예수님의 치유가 2천 년 전에만 있었던 것이 아니라 오늘 나를 위한 것임을 가르쳐 주셨다. 나는 주일학교 때부터 성경을 하나님의 말씀이라고 배웠지만 치유는 지나간 세대를 위한 말씀이라고 배웠다.

당신이 이런 잘못을 범하지 않기 바란다. 당신의 신학으로, 당신의 신앙 배경으로 성경을 재단하지 말기 바란다. 모든 성경을 하나님의 말씀으로 받고 모든 성경을 오늘을 위한 말씀으로 믿어라. 말씀이 지나간 세대를 위한 말씀이기 때문에 응답이 없는 것이 아니라 당신이 믿지 않기 때문에 응답이 없는 것이다.

구원이 지나간 세대를 위한 말씀이라고 믿는 자가 있다면 이 사람은 구원을 받을 수 없다. 말씀이 문제가 아니라 믿음의 문제다. 당신이 만일 치유가 지나간 세대를 위한 말씀이라고 믿는다면 당신은 치유에서 제외될 것이다. 엘리야에게 기적적으로 공급하셨던 성경 말씀을 읽으면서도 이것을 단지 지나간 특정 세대를 위한 말씀이라고 생각한다면 기적적인 공급은 당신에게 일어나지 않는다. 그러나 이 말씀을 현실로 믿고 사렙다 과부처럼 당신이 가진 것을 믿음으로 주님께 드릴 수 있다면 기적적인 공급을 충분히 기대할 수 있다.

기도 응답을 받으려면 하나님의 말씀을 나를 위한 말씀으로 믿어야 한다. 말씀이 있어야 응답이 온다. 말씀이 없으면 응답도 없다. 그러나 성경에 기록되어 있다는 것이 응답을 보장하지 않는다. 중요한 것은 당신이 그 말씀을 당신의 말씀으로 믿느냐다. 서재서(書在書) 아재아(我在我)라는 말이 있다. 책은 책대로, 나는 나대로 있다는 말이다.

기도 응답이 오려면 말씀과 내가 하나가 되어야 한다. 내가 6개월 동안 류머티스 관절염으로 고통당할 때도 치료의 말씀은 여전히 성경에 있었다. 그러나 나는 나대로 있었기 때문에 그 말씀과 내 병은 상관이 없었다. 내가 그 말씀을 나의 말씀으로 믿자 비로소 그 말씀이 내게 이루어졌다. 성경의 모든 말씀을 당신을 위한 말씀으로 믿어라. 그러면 당신의 기도가 응답된다.

chapter 3
기도의 용기

거듭되는 실패로 꿈을 잃다

나는 대학을 무지 많이 떨어진 사람이다. 무슨 이유인지 시험만 치면 떨어지고, 떨어지기를 반복했다. 시골에서 무슨 바람이 불었는지 고등학교 3학년이 되어서 음악 공부를 시작했다. 악기든 성악이든 음악은 어릴 때부터 시켜야 한다. 나는 고등학교 3학년이 되어 성악 공부를 시작했다. 학교에서 선생님이 노래를 잘 한다고 칭찬하니 진짜 잘하는 줄로 알았다. 겁 없이 그 세계에 뛰어들었다가 대학을 한 번씩 떨어질 때마다 머리가 깨지고, 허리가 부러지고, 초죽음이 되었다.

몇 번의 대학 실패로 스스로 도저히 집에 붙어 있을 낯짝이 없어 돈 5만 원을 가지고 가출했다. 원래 우리 집은 작은 시골 면에 있었는데 돈을 벌겠다는 결심으로 도시로 나갔다. 가방에 옷가지를 넣고 돈 5만 원을 가지고 도시로 가서 우선 독서실을 잡았다. 구석자리에 옷가방을 놓고 직장을 구하는데 식당 보이 자리 외에는 돈을 벌 만한 곳이 없었다.

나는 저녁 시간에 일하고 낮에는 독서실에서 공부하기로 했다. 그러나 밤새도록 식당 종업원 노릇을 하고 오는 몸이 녹초가 되었다. 아침에 들어오면 잠을 자고 일어나 공부를 잠시 하다가 저녁이면 다시 식당 보이 노릇을 했다. 그때만큼 내 인생에 암담한 시간이 없었다. 하루에도 수십 번씩 떠오르는 생각이 있었는데 '내가 과연 사람 노릇이나 할 수 있겠나' 하는 생각이었다. 내가 보기에도 이렇게 살아서는 사람 노릇을 할 수 없다고 생각했던 것 같다.

사람은 꿈이 있든지 돈이 있든지 둘 중 하나는 있어야 한다. 하나님은 젊은이에게는 꿈을 주시고, 노인에게는 돈을 주신다. 젊어서 꿈이 있어야 한다. 젊은이가 꿈 대신 돈을 가지면 타락하고 망한다. 노인이 되면 돈이 있어야 한다. 늙어 부요한 것은 하나님을 잘 섬기고 성실하게 살아온 대가다. 그런데 노인이 무일푼으로 꿈만 꾸고 있다면 이것도 비참한 인생이다.

내 인생을 바꾼 한 구절

20대 초반은 꿈을 먹고 살아야 하는데 나는 꿈을 잃어버렸다. 내가 과연 사람 노릇이나 하겠는가 생각하며 하루하루를 살고 있었으니 이것은 뜨거운 젊음이 아니었다. 그렇다고 당장 그 길에서 벗어날 길도 찾지 못한 채 하루씩 넘기고 있었다. 그 중에도 주일 지키는 것만은 잊지 않았다.

나는 책 보는 것을 좋아해서 교회에 갔다 오는 길에 서점에 들러 책을 보기를 즐겼다. 그 날도 교회 갔다 오는 길에 서점에 들러 책을 보는데 한 구절이 내 눈에 확 박혀서 확대되었다. "하나님은 당신을 좋아하십니다." 그 문장을 보는 순간 끌로 내 마음에 문장을 새기는 듯한 인상을 받았다. 내 인생에 엄청난 지진을 일으키는 순간이었다.

"하나님이 나를 좋아하신다고?" 믿을 수가 없었다. 보고 또 보면서 흥분했다. 모태 신앙으로 20년 이상을 교회 다녔지만 한 번도 들어보지 못한 말씀이었다. 나는 경건

하지만 아주 보수적인 교회에 다녔다. 내 신앙 경험으로 하나님이 우리 인간을 좋아하신다는 것은 상상할 수도 없었다.

우리 신앙의 모범은 조나단 에드워즈였다. 그분이 얼마나 인간 존재에 대해 신랄하게 정죄했는가? '진노하신 하나님의 손에 잡힌 죄인들'이라는 설교에는 인간을 사악하고 더러운 뱀보다 더 사악하고 더러운 존재로 묘사하고 있지 않은가? 어린 시절부터 이런 유의 설교를 들었던 내게 "하나님이 나를 좋아하신다"는 말씀은 깜깜한 밤에 강렬한 전등을 확 켜는 것과 같았다.

부정적인 설교의 피해

나는 실패자였다. 나는 절망 속에 있었다. 나는 길을 찾지 못한 채 열등감에 빠져 있었다. 교회를 다니기는 했지만 신앙은 고통의 늪에서 나를 건져주지 못했다. 교회에 가면 갈수록 더더욱 내 존재가 비참해졌다. 하나님의 위대하심을 들으면 들을수록 나 같은 인간에게 하나님은 관심도 없다는 확신이 굳어만 갔다.

"하나님은 위대하시고, 하나님은 온 우주의 통치자시고, 하나님은 스스로 계신 분입니다. 하나님은 우리 한 사람이 없어진다고 해도 눈 하나 깜짝하지 않습니다." 이런 유의 설교를 들으면 나는 비참함의 밑바닥까지 내려가곤 했다. 기도에 대한 설교를 들을 때면 응답보다는 항상 왜 응답을 받지 못하는지에 대해 더 많이 설명하는 설교를 들으며 기도의 용기를 잃었다. '아니오' 나 '기다려라' 라는 충고를 들을 바에는 차라리 기도하지 않는 것이 더 낫다는 결론을 내렸다.

하나님은 당신을 좋아하신다

하나님이 그날 나를 서점으로 인도해 주신 것은 그 한마디를 주시기 위해서였다. 나는 평생 누구에게도 들어보지 못한 복음을 그날 들었다. "하나님은 당신을 좋아하십니다." 좋아한다는 말에 마음이 꽂혔다. 하나님이 나를 좋아하신다고, 상상하지도 못했던 말이었다.

하나님은 언제나 멀리 계신 분이었다. 만나고 싶어도 만날 수 없는 분, 가까이 가고 싶지만 가까이 하기에는 너무 두렵고 떨리는 분이었다. 그런데 하나님이 나를 좋아하신단다. 어떻게 이럴 수 있는가? 하나님이 갑자기 작아지셨는가? 온 우주를 품고 계시는 하나님이 나에게 관심을 가지고 나를 주목하고 계신다고 생각하니 뜨거운 감격이 솟아올랐다. 나는 그날 그 말씀을 내 마음에 새겼다. 내 인생의 새로운 날이 열리고 있었다.

> 너의 하나님 여호와가 너의 가운데 계시니
> 그는 구원을 베푸실 전능자 전능자시라
> 그가 너로 인하여 기쁨을 이기지 못하시며
> 너를 잠잠히 사랑하시며
> 즐거이 부르며 기뻐 기뻐하시리라.

이 찬송은 스바냐 3장 17절로 만든 찬양이다. 하나님이 당신을 인하여 기쁨을 이기지 못하신다고 고백하신다. 하나님은 전능하시다. 하나님은 스스로 완전하시며 어떤 것에도 흔들리지 않는 분이시다. 그런데 하나님께서 당신을 보고 기쁨을 이기지 못하신단다. 도대체 이것이 사실인가. 이것이 사실이라면 하나님은 나 때문에 감정의 동요를 느끼는 분이시다. 그렇다면 하나님은 나에게 관심이 많으시다는 충분한 증거가 된다.

나는 기도할 이유를 찾았다. '나 하나쯤은 있어도 그만 없어도 그만인 존재'가 아니라 하나님의 감정이 나에게 매여 있다고 생각하니 이것은 대단한 발견이었다. 하나님의 이름을 부를 때 내 마음이 뛰었다. 속에서 뜨거운 것이 솟아올랐다. 내가 손을 뻗으면 하나님은 내 손을 잡아 주신다. '내가 과연 사람 노릇이나 할 것인가' 생각했던 열등감과 어두움이 걷히고 있었다.

그 한 문장은 내 인생의 새로운 이정표가 되었다. 좋으신 하나님을 생각할수록 인생이 핑크빛으로 물들었다. 그날 이후로 나는 한 번도 좋으신 하나님을 잊은 적이 없다. 그 말씀은 결코 기도할 수 없었던 내게 부지런히 기도할 수 있는 용기를 주었다.

"자기 아들을 아끼지 아니하시고 우리 모든 사람을 위하여 내주신 이가 어찌 그 아들과 함께 모든 것을 우리에게 주시지 아니하겠느냐" 롬 8:32

하나님이 우리를 위해 아들을 주셨다. 아들과 함께 모든 것을 주시겠다고 했다. 아들과 함께 우리에게 모든 좋은 것을 주신다는 약속이 있는데 어떻게 기도하지 않겠는가?

기도하게 만드는 힘

기도의 당위성만으로는 기도하도록 만들지 못한다. "그리스도인은 기도해야 한다." "기도는 영적인 호흡이다." "주님을 사랑하는 성도는 기도한다." 아무리 당위성을 외쳐도 이것이 기도를 하도록 만들지 못한다. 기도는 응답에 대한 확신이 있을 때 기도하도록 만든다.

은행에 저축하면 돈을 모을 수 있다. 이것은 당위성이다. 이것이 저축을 하게 만드는가? 그렇게 하지 못한다. 사람들이 주식으로 몰리는 이유가 무엇인가? 싼 값에 산 주식이 몇 년 후면 엄청나게 오를 것을 기대하기 때문에 주식에 몰린다.

기도의 원리도 동일하다. 내가 구한 것에 넘치도록 응답하시는 하나님의 선하심을 맛보지 못한 사람은 절대 기도하지 못한다. 기도하지 못하게 만드는 것을 영적인 게으름으로만 비난해서는 답을 얻지 못한다. 왜 기도하지 않는가? 그것은 기도 응답에 대한 기대가 없기 때문이다. 왜 기도 응답에 대한 기대를 가지지 못하는가? 그것은 하나님에 대한 기대가 없기 때문이다. 왜 하나님에 대한 기대가 없는가? 그것은 하나님에 대한 잘못된 인식 때문이다.

하나님의 전능성과 위대하심에만 집중한 나머지 하나님의 친밀함을 잃어버렸다. 전능하시고 위대하신 것은 좋은데 그 하나님이 나에게 관심이 없다는 것이다. 내가 어떤 형편에 있든 무심한 눈으로 그냥 보고만 계신 신이다. 너무 멀리 계신 하나님을 보면 당신은 기도에 절망하고 만다.

하나님은 당신을 좋아하신다. 하나님이 당신 때문에 기뻐하시고, 슬퍼하시고, 때로는 춤을 추시는 분이다. 내가 하나님을 조종할 수 있단 말인가? 이런 말이 아니다. 하나님이 그만큼 당신에게 지극한 관심을 가지고 계시다는 뜻이다.

어거스틴은 "만약 세상에 당신 한 사람밖에 없었다고 할지라도 하나님은 당신을 구원하기 위해 독생자를 보내셨을 것이다"라고 했다. 얼마나 신나는 말인가? 당신은 군중이 아니다. 당신은 유일한 존재다. 하나님 앞에는 군중이 없다. 하나님 앞에는 한 사람만 있을 뿐이다.

하나님께 하나뿐인 소중한 당신

예수님이 부활하신 후 막달라 마리아를 찾아오셨다. 예수님이 부활하신 후 미처 예수님을 만나지 못한 도마를 위해서 다시 마가의 다락방을 찾아오셨다. 예수님이 부활하신 후 낙심해서 고향에 고기 잡으러 떠난 베드로를 찾아오셨다. 물론 이들이 혼자 있었던 것은 아니다. 어떤 때는 혼자 있었지만 어떤 때는 군중과 함께 있었다. 그러나 군중 속에서 예수님은 분명히 한 사람을 주목하셨고 그에게 집중하고 그에게 말씀하셨다.

하나님에게는 당신밖에 없다. 하나님은 당신을 좋아하신다. 하나님은 당신 때문에 기뻐하기도 하고 슬퍼하기도 하고 때로는 춤을 추기도 하신다. 당신은 하나님의 전부다. 결코 자녀가 많다고 해서 보잘것없는 자녀는 없다. 혹 사람에게는 그런 일이 일어날 수 있지만 하나님에게는 결코 불가능하다. 하나님은 당신에게 지극한 관심을 가지고 계신다. 당신의 기쁨이 하나님의 기쁨이다. 당신의 노래가 하나님의 노래다. 하나님에게는 당신이 전부다.

하나님은 당신을 구원하신 좋으신 아버지다. 하나님은 당신을 자녀 삼기 위해 예수 그리스도를 내어 주셨다. 엄청난 값을 주고 산 물건이 어찌 하찮을 수 있는가? 하나님이 피 값으로 산 당신이 어찌 하찮은 자녀가 될 수 있겠는가? 죄는 간음하고 살인하는 것에만 국한되지 않는다. 하나님의 뜨거운 사랑을 외면하고 스스로 절망과 낙심에 빠져 있는 것은 더 큰 죄다.

하나님이 당신에게 손을 내밀고 계신다. "내 마음에는 너밖에 없단다"라고 부드럽게 말씀하시는 음성을 듣기 바란다. 좋으신 하나님을 의지하고 기도의 자리로 나가라.

기도의 용기

chapter 4
은혜가 먼저다

위선의 옷으로 네 죄를 가리고

나는 모태신앙으로 주일학교부터 열심히 교회를 다녔지만 20대가 될 때까지 성령체험을 하지 못했다. 성령체험을 하지 못했다는 것은 결정적으로 은혜를 경험한 적이 없다는 말이다. 간헐적인 은혜를 수시로 경험했다. 주일학교 여름 성경학교를 통해, 학생부 여름 수련회를 통해 간헐적인 은혜는 경험했지만 내 신앙의 역사를 새로 쓸 만한 결정적인 경험이 없었다. 그렇게 머리가 굵어지고 교회의 이런 저런 모습을 보면서 신앙의 회의가 몰려왔다. 입은 날카로워졌지만 기도의 무릎은 연약했다. 성령

체험 없는 신앙의 무서움은 은혜를 받은 후에야 알았다.

그때까지 나는 완벽한 종교인이었다. 나는 중학교 1학년에 올라가자 어른 예배를 다니기 시작했고 내 기억으로는 한 번도 빠진 적이 없다. 나의 열심 있는 종교적 활동은 내 마음을 교만하게 만들었다. 고등학생이 되자 이제 교회는 내 손 안에 있었다. 목사님에 대해, 교회에 대해 모르는 것이 없었다. 그 당시 한창 국내에 번역되어 신앙을 오염시켰던 《인도에서 예수의 삶》이라는 책을 읽고 열심히 교회를 비판했다. 그러면서도 여전히 내 몸은 주일이면 어김없이 교회에 와 있었다. 나는 종교적으로 흠이 없었다. 그리고 내 속에는 날카로운 비판의식이 자라가고 있었다. 얼마나 멋진가? 종교적으로는 흠이 없고 입술은 날카로웠다.

나는 나의 종교적인 의를 가지고 교회의 모든 것을 정죄했다. 비판적이 된 내 눈에는 교회의 아름다운 모습이 보이지 않았다. 교회는 항상 문제가 있고, 비성경적이었다. 내 눈은 종교적인 의로 소경이 되었다. 예수님이 책망하신 것처럼 눈이 있어도 보지 못하고 귀가 있어도 듣지 못했다. 그렇게 완벽한 종교적인 의로 무장한 채 20대를 맞았다.

이런 내 모습을 볼 때 하나님께서 눈뜨고 보시기에 꼴

불견이었을 것이다. 왜냐하면 나는 완벽한 종교적인 위선과 교만으로 무장하고 있었으니까. 주일 성수는 물론이고 수요일까지 거의 매주 출석을 하고 있었으니 말이다. 나의 주요 활동 무대는 교회였고 친구들과 항상 교회에서 놀았다. 전도도 잘했다. 학생부 시절 혼자서 9명을 전도했으니 대단한 열심이었다. 그런 것들이 내 마음을 더욱 교만하게 했다. 나는 최고의 신앙인이었다. 최고의 열심이었다. 목사님도 교회도 시원찮아 보였다. 이 시대에 주님을 닮은 제자는 나밖에 없어 보였다.

말씀 한마디로 깨어짐

그렇게 교만의 바벨탑을 높이 오르고 있던 때 나는 대학을 연거푸 떨어졌다. 머리가 깨지고, 허리가 부러지고, 무릎이 꺾였다. 비로소 예배드리면서 하나님의 말씀을 듣기 시작했다. 그동안 예배를 드리면서 무엇을 했던가? 실패의 자리에서 말씀에 목마름이 생겼다. 주님을 만나고 싶다는 갈증이 생겼다. 나는 사슴이 시냇물을 찾듯이 주님을 찾았다. 말씀을 읽고, 예배를 사모했다. 집회가 있는 곳마다 은혜를 사모하여 참석했다.

목마름이 극도에 달했지만 은혜는 쉽게 오지 않았다.

나는 계속 구하고, 찾고, 두드렸다. 내가 포기하지 않으면 하나님은 만나 주실 것이다. 나는 수로보니게 여인처럼 주님을 찾았다.

그렇게 주님을 사모하던 5월 어느 날, 은혜를 사모하며 집회를 참석했는데 목사님 말씀이 영 시원찮았다. 어쩌면 그렇게 설교를 못하시는지...그런데 한 시간을 넘겨서 설교를 했다. 속에서 분이 났다. 못하면 짧게라도 하던지, 길게 하려면 설교를 잘하던지 둘 중 하나는 해야 할 것 아냐 혼자 말을 하면서 계속 속으로 분을 삭이고 있었다.

은혜를 사모해서 먼 길을 왔는데 그런 설교를 듣고 있다는 것을 참을 수가 없었다. 그렇게 설교는 한 시간을 훌쩍 지나고 있었다. 나는 속으로 설교를 비난하며 그 시간을 비판으로 꽉꽉 채웠다. 정말이지 한 시간 동안 오로지 비판으로 차곡차곡 내 마음을 채웠다. 말씀은 사라지고 비판이 가득했다. 거의 한 시간 반이 다 되어가자 목사님이 "이제 말씀을 마치겠습니다"라고 하는 것이 아닌가? 내게는 이 말이 천사의 소리처럼 들렸다. 설교를 마친다는 말이 어쩌면 이렇게 반가울 수가 있는지...속으로 이제 해방이라고 외쳤다.

그런데 목사님이 설교를 마치기 전에 한 말씀만 더 하겠다고 하시는 게 아닌가? 아니 무슨 청천벽력 같은 소리인가? 이렇게 긴 설교도 부족해서 또 한마디를 하겠다니 속에서 극도의 분노가 일어나면서 '네가 목사냐? 그 정도 설교는 나도 하겠다. 내가 설교해도 그 정도는 하겠다. 이제 그만 물러가라. 물러가라.' 노골적인 비난이 솟아났다.

그러는 동안 목사님은 조용히 눈을 감으시더니 이렇게 한 마디를 던졌다. "혹시 이 자리에 누군가를 비난하는 사람이 있습니까?" '아니 뜬금없이 이게 무슨 소리야?' 목사님이 계속 말씀을 이었다. "이 시간 누군가를 비난한 사람이 있다면 주님께 회개하시기 바랍니다. 예수님은 비판을 받지 않으려면 비판하지 말라고 했습니다."

목사님께서 조용히 말씀을 하시는데 내 가슴이 콱 막혔다. 내가 지금 한 시간 동안 목사님을 비판하지 않았는가? 하나님께서 나를 위해 준비한 말씀이었다. 부드럽고 조용하게 내뱉은 말씀이 갑자기 날카로운 비수가 되어 내 마음을 찔렀다. 아주 강력하게 내 마음을 난도질했다. 고통이 밀려왔다. 견딜 수가 없었다. 마음이 답답해지더니 뭔가 울컥하고 솟아났다. 눈물이 흘렀다. 신음이 나왔다.

나는 견딜 수가 없어 기도 굴로 달려가 주님께 통곡하며 회개했다. 눈물과 콧물과 침이 뒤섞여 흘렀다. 적당히 회개할 때는 눈물이 나온다. 진짜 회개하면 콧물이 나온다. 그러나 완전히 박살나게 깨어져서 회개하면 침이 막

흘러내린다. 눈물과 콧물과 침이 떨어져 바닥이 홍수가 되었다.

그동안 종교적인 의로 쌓아 올렸던 내 마음의 바벨탑이 무너지기 시작했다. 교만, 위선, 종교적인 의, 거짓, 비판, 날카로운 입술, 강퍅한 마음들이 무너졌다. 내 안에 도사리고 있는 가증스러운 죄가 보였다. 통곡하고, 통곡하기를 몇 시간을 지속했다. 부르짖으면서 데굴데굴 구르면서 몇 시간을 기도했다.

죄 용서의 기쁨

어느 순간 마음에 평화가 내려앉았다. 하나님이 나를 용서하셨다는 확신이 들었다. 마음 깊은 곳에서 찬양이 흘러나왔다.

하늘을 두루마리 삼고 바다를 먹물 삼아도
그 크신 하나님의 사랑 다 기록할 수 없겠네.
하나님의 크신 사랑 그 어찌 다 쓸까
저 하늘 높이 쌓아도 채우지 못하리.
하나님 크신 사랑은 측량 다 못하며
영원히 변치 않는 사랑 성도여 찬양하세.

교회에서 많이 불렀던 찬송가였지만 느낌이 달랐다. 하나님의 사랑이 손끝과 피부 끝으로 짜릿짜릿하게 다가왔다. 가슴이 울렁거렸다. 눈물이 났다. 또 울었다. 울고, 울고 또 울었다. 그렇게 또 몇 시간을 울면서 찬송을 했다. 아무리 불러도 하나님의 사랑을 다 노래하지 못할 것 같았다. 아무리 찬양을 드려도 주님의 사랑을 만족하게 찬양할 수 없을 것 같았다. 주님의 은혜가 너무 고마워 울어도 찬양을 해도 감당할 수 없었다. 아이작 왓츠가 지은 143장이 떠올랐다.

나 십자가 대할 때에 그 일이 고마워
내 얼굴 감히 못 들고 눈물 흘리도다.
늘 울어도 눈물로써 못 갚을 줄 알아
몸밖에 드릴 것 없어 이 몸 바칩니다.

주의 종으로 헌신함

나는 그날 이 찬송을 부르다가 평생 주님을 위해 살겠다고 헌신을 했다. 내 몸 바쳐 주님 한 분만을 위해 살겠다는 서원을 드렸다. 나는 어쩔 수 없이 목사가 된 것이 아니다. 나는 누구처럼 매 맞고 목회의 길을 들어서지도 않았다. 나는 은혜 받고 목사가 되었다. 주님이 주신 은혜가 너무 고마워 한평생 살면서 주님 한 분만을 위해 살기로 서원을 드렸다. 그 후로 나는 목사가 되는 것이 꿈이었다.

나는 목사 안수 받던 날을 잊지 못한다. 은혜를 경험하고 거의 10년을 목사가 되는 꿈을 꾸면서 살았기 때문에 안수 받는 날이 다가오자 너무 설레고 기대되었다. 교회에서 철야 기도를 했다. 사모하는 마음으로 안수식에 참여했다. 목사님들이 머리에 손을 얹는데 몸에 전기가 쫙 흘렀다. 머리부터 발끝까지 전기가 흐르면서 뜨거운 감격이 솟아났다.

목사님이 기도하는 내내 울음이 터져 나왔다. 죄 많은 나를 불러 주의 종으로 삼아 주신 하나님의 은혜가 너무 고마웠다. 강단에 무릎을 꿇고 있는 동안 성령님이 내 마음을 통과하셨다. 하나님께서 아무것도 아닌 나를 불러주시고 세상에서 가장 귀한 주의 종 삼아 주셨다고 생각하니 감동을 억제할 수가 없었다. 그 날 눈물로 강단을 적시며 나는 목사의 직분을 받았다

흘러넘치는 찬송

기도 굴에서 몇 시간을 있었는지 모른다. 마음의 평화를 얻고 문을 열고 밖으로 나오니 세상은 달라졌다. 5월 화창한 봄날이지만 그날따라 햇살은 얼마나 따사로운지...나뭇잎을 보니 아직 연둣빛이 가시지 않은 나뭇잎이 한들거리며 춤을 추고 있었다. 내 마음에서 또 찬양이 흘러 나왔다.

산천도 초목도 새것이 되었고
죄인도 원수도 친구로 변한다.
새 생명 얻은 자 영생을 누리니
주님을 모신 맘 새 하늘이로다.
영생을 누리며 주 안에 살리라
오늘도 내일도 주 함께 살리라.

사람의 기쁨 중에서 죄 용서의 기쁨보다 더한 기쁨이 있을까? 나는 죄 용서의 기쁨보다 더한 기쁨을 알지 못한다. 죄 용서의 기쁨은 경험한 자만이 안다. 이것은 이론이 아니다. 지식도 아니다. 형이상학도 아니고 철학도 아니다. 사변이 아니라 실제다. 경험하지 않은 사람은 결코 알지 못하는 생생한 개인적인 체험이다. 이때부터 눈물이 많아졌다. 기도의 무릎을 꿇을 때마다 주님의 은혜가 새롭게 임했다. 메마른 기도가 눈물로 넘쳤다.

chapter 5
진짜 기도를 드릴 때 일어나는 일

험난한 개척의 길로 들어서다

나는 목사가 되는 것이 꿈이었다. 은혜 받은 후로 한 번도 바뀌어 본 적이 없다. 흔들려 본 적도 없다. 목사가 되는 한 꿈을 가지고 왔다. 신대원을 졸업할 때 교회로부터 유학 제의를 받았지만 거절했다. 목사님이 두 번이나 직접 권면을 했다. 마음이 잠시 흔들렸다. 유학이란 걸 나도 가볼까. 그러다가 이내 마음을 접었다. 주님이 부르시는 길은 아닌 것 같았기 때문이다. 나는 선교사의 꿈도 교수의 꿈도 가져보지 않았다. 오직 주님이 주신 땅에서 목회를 하면서 일생을 헌신하기로 했다.

신대원을 졸업하자마자 개척을 했다. 아무리 개척 자리를 찾아도 괜찮은 자리는 돈이 많아서 얻을 수 없었다. 결국 골목 깊숙이 들어간 곳에 솜 공장을 하던 지하가 있었는데 약 15평 되었다. 솜털이 온데 묻어서 형편이 없었다. 그래도 가진 돈이 적어서 그 자리를 얻었는데 보증금 5백만 원에 월세 40만 원으로 세를 얻었다. 교인은 아내와 나를 따라 함께 개척한 청년 한 사람이 전부였다. 우리는 열심을 불태웠다.

나는 처음부터 기도 목회를 하기로 방향을 정했다. 첫 예배를 드리기 전날 지하 깜깜한 예배당에서 철야기도를 드렸다. 가스 스토브를 틀어놓고 한숨도 자지 않고 밤을 꼬박 새워 기도했다. 한숨도 자지 않고 철야기도를 하는 것이 얼마나 힘든지 한 번으로 다 깨달아 버렸다. 힘들었다. 졸렸다. 그래도 억지로 정신을 차리고 밤새도록 기도했다.

첫 예배를 드리던 날 17명의 사람이 왔다. 어디에서 그렇게 많은 사람이 왔는지 이해할 수 없었다. 전부 처음 보는 얼굴이었다. 어떻게 왔느냐고 물으니 며칠 전부터 교회 간판 세우는 것을 봤단다. 교회 전도지를 봤다고 하는 사람도 있었다. 교회 전도지가 어디 우리 교회뿐인가? 요즘 전도지가 얼마나 세련되고 좋은가? 그런데 그때 나는

A4 용지에 그냥 검은색으로 인쇄를 해서 전도했다. 그것 보고 끌려 왔다고 한다. 너무 이상했다.

그렇게 모인 사람들이 차곡차곡 늘어나 6개월이 지나자 장년만 40~50명, 주일학교까지 출석 80명이 넘었다. 지하 15평짜리 개척교회가 바글바글했다. 목회가 재미있고 신났다.

새벽에 일어난 소동

우리 교회는 골목 안 깊숙이 들어가 있었기 때문에 동네 사람들에게 피해가 되었다. 비록 지하지만 부르짖어 기도할 때면 교회 주위에 피해가 컸다. 특별히 앞집에 불교에 열심인 아줌마가 있었는데 교회를 핍박하기 시작했다. 심심하면 동네 사람에게 교회를 욕하고 비난했다. 시끄러워서 못살겠다고 불평을 했다. 우리가 최대한 자제를 하고 조심을 하는데도 계속 교회를 비난하며 핍박했다. 급기야 사고가 터졌다.

어느 날 새벽기도를 하러 교회에 갔는데 쓰레기가 현관 앞에 버려져 있는 것이 아닌가? 화가 치밀어 올랐다. 분명히 앞집 아줌마의 짓이 분명했다. 마음을 누르고 새벽기도를 끝내고 일곱 시가 되기를 기다렸다. 일곱 시가 되자 나는 올라가서 앞집 초인종을 눌렀다. 대문을 열고 나오는 아줌마를 보고 "어떻게 이럴 수가 있냐"며 따졌다. "교회 앞에 쓰레기를 버린 것은 너무 잔인한 것 아니냐"며 미안하다고 말하기를 기대하며 언성을 높였다.

그런데 아뿔사 아줌마의 한 마디에 당황하지 않을 수 없었다. "당신이 봤어?" 정신이 번쩍 들었다. 나는 쓰레기만 봤지 앞집 아줌마가 버리는 것은 보지 못했다. 평소에 핍박을 했으니 짐작으로 짚은 것이다. "당신이 봤냐고?" 소리를 지르는데 뭐라고 대꾸할 말이 없었다. 그래도 이왕 시작한 것 평소에 쌓인 감정도 있고 해서 나도 소리를 치면서 맞붙어 버렸다. 아침부터 높은 언성이 오고가니 동네 사람이 다 나와서 구경을 했다.

나는 점점 더 난감해졌다. 앞집 아줌마는 힘을 얻고 더 소리를 치고 급기야는 나를 밀고 할퀴면서 달려들었다. 이제 전세는 끝난 것이었다. 나는 무기력하게 고스란히 당하면서 아줌마의 손톱에 여기저기 할퀴어 상처가 났다. 나의 완패였다. 창피했다. 동네 사람 앞에서 고개를 들 수가 없었다. 전도사가 아침부터 동네 사람과 싸움을 했으니 어찌 마을에서 고개를 들고 다닐 수 있겠는가?

나는 죄송하다고 말을 하고 지하 예배당으로 내려왔다. 아내는 먼저 집으로 갔기 때문에 사정을 알지 못했다.

아내에게는 금식한다고 하고 강단에 무릎을 꿇었다. 눈물이 흘렀다. 나는 하나님께 항변했다. 앞집 아줌마가 이제까지 교회에 한 일을 하나님이 보시지 않았냐고, 교회 앞에 쓰레기를 버릴 사람은 동네에서 그 아줌마밖에 없지 않냐고, 그런데 아침부터 여자에게 할퀴어 목이며 가슴이며 손톱자국이 확확 생겼으니 한심하고 원통했다. 한 대 쳐 버리면 넘어져 버릴 텐데 그것을 못한 것이 아쉬웠다. 손톱과 할퀸 목과 가슴이 쓰라렸다.

그러나 그것보다 더 고통스러운 것은 마음의 상처였다. 내 마음은 깊은 상처를 입었다. 내가 한심하고 주님이 원망스러웠다. 처음에는 씩씩거리면서 원망했다. 속에서 분노가 솟아나고 불평이 나왔다. 한 시간, 두 시간이 지나면서 분이 가라앉자 눈물이 흐르기 시작했다. 분노 대신 처량함이 몰려왔다. 유학이나 갈 걸 왜 이 고생을 사서 하는지 모르겠다는 생각을 했다. 옹색하고 초라한 예배당을 보니 더 눈물이 났다. 깜깜한 지하에서 작은 창문을 통해 들어오는 희미한 불빛에 드러난 예배당은 마치 지하 감옥 같았다. 내 인생이 비참한 현실이라는 감옥에 갇혀 있는 것 같았다.

세미한 주님의 음성

얼마간의 시간이 흘렀을까? 비참한 마음에 한참 눈물을 흘린 것 같았다. 마음에 주님의 세미한 음성이 들렸다. "아들아, 네가 가서 사과해라." 깜짝 놀랐다. 잘못 들었겠지. 다시 마음에 분명한 주님의 음성이 들렸다. "아들아, 네가 먼저 사과해라." 비록 하나님의 음성이라도 순종할 수 없었다. 나는 하나님께 그 여자가 얼마나 교회를 핍박했는지 어떻게 오늘 나를 할퀴고 상처를 냈는지 동네 사람들에게 얼마나 나를 비난했는지 열심히 반박했다.

그런데 다시 마음에 주님의 음성이 들렸다. "아들아 네가 가서 먼저 사과해라." 여기서 당신에게 알려주고 싶은 것이 있다. 하나님은 한 번 말씀하시면 절대 포기하지 않으니 진작 순종하는 것이 좋다는 것을 귀띔해 주고 싶다. 하나님은 고래심줄보다 고집이 더 세신 분이다.

나는 어쩔 수 없이 주섬주섬 일어나 동네 가게에 가서 음료수와 빵을 사서 초인종을 눌렀다. "누구세요?" 무뚝뚝한 소리가 들리더니 이내 대문이 열렸다. 나를 보더니 쌩~하고 얼굴에 찬바람이 지나갔다. 나는 대문 안으로 쑥 들어가서 아줌마에게 머리를 숙이고 공손하게 사과를 했다. "아주머니, 아침 일은 제가 잘못했습니다. 부디 마음을 푸시고 용서해 주시면 고맙겠습니다." 최대한 공손하게 사과를 하고 음료수를 드렸다. 처음에 쌩~하고 찬바람이 불던 얼굴이 조금 풀어지면서 "알았어요"라고 대답을 했다. 나는 다시 공손하게 인사를 하고 대문을 나섰다.

그런데 웬일인가? 눈물이 또 흘렀다. 감격의 눈물이라고 생각하는가? 절대 아니다. 나는 주님의 마음을 가질 만큼 인격이 고상하지 못했다. 주님께 순종하기는 했지만 미운 아줌마에게 사과하고 나니 억울해서 눈물이 흘렀다. 다시 지하 예배당으로 들어가 강단에 무릎을 꿇고 울었다. 한참을 울었다. 억울하고, 한심하고, 한창인 나이에 이게 무슨 청승인가 싶었다. 그런데 그것이 치유의 눈물이 되었나 보다. 마음에 분이 사라지고 호수처럼 잔잔한 평화가 밀려왔다. 나는 주님이 주신 평화를 안고 오후 늦게 집으로 돌아왔다.

주님의 위로

주일이 되었다. 교인 중 한 사람이 나에게 오더니 "전도사님, 이제 우리도 예배당을 옮겨야 하지 않겠습니까?"라고 말하는 것이 아닌가. 나는 가진 돈이 없어서 예배당을 옮길 생각은 꿈에도 하지 않고 있었다. 몇 년은 더 지

낼 생각이었다. 그런데 예상치 못한 일들이 벌어졌다.

교인들이 돈을 내어 대로변 3층 45평 건물로 예배당을 옮겼다. 무려 전세가 1억이나 하는 어마어마한 돈을 주고 새 건물로 이사를 했다. 그 당시 내 형편으로는 상상도 못할 일이 일어난 것이다. 단돈 5백만 원으로 시작하여 6개월 만에 1억짜리 건물을 얻었으니 하나님의 역사가 아니고는 할 수 없는 일이었다.

진짜 기도를 드릴 때 일어나는 일

나는 이 사건을 겪으면서 주님께 두 가지를 배웠다.

첫째는 진짜 기도하면 주님의 마음을 전수 받는다. 진짜 기도하면서 깨어진다. 내가 깨어지지 않은 기도는 진짜 기도를 드리지 않았기 때문이다. 진짜 기도를 하면 어떤 상태로 기도를 시작했다 하더라도 기도를 마칠 때는 주님의 마음을 안고 일어선다. 기도를 마치고 일어설 때 주님의 마음이 없는 것은 진짜 기도를 드리지 않았기 때문이다. 진짜 기도는 나의 상황과 한계와 억울함과 상관없이 주님의 마음에 복종하게 만든다.

기도하면서도 성품이 변하지 않는 것은 기도를 통해 주님을 만나지 못했기 때문이다. 기도를 통해 주님을 만나면 반드시 변한다. 변화 없는 형식적인 기도 말고 진짜 기도를 드려라. 그러면 기도를 통해 주님의 마음을 전수 받는다. 기도를 통해 거룩한 성품을 닮게 된다.

둘째는 순종하지 못할 것은 순종하면 상상치 못할 응답이 주어진다. 나는 그날 정말 순종하기 싫었다. 쉽지 않았다. 버티고 싶었다. 그러나 나는 고집을 꺾고 주님께 순종했다. 눈물이 날 만큼 억울하고 분했다. 그래도 순종했다. 그래도 용서했다. 진심으로 주님의 마음으로 순종하고 싶었다.

나는 교회를 옮길 것이라고는 추호도 생각하지 못했다. 그런데 주님이 나의 순종을 불쌍히 여기셨다. 쉽지 않은 말씀에 순종하는 그 순종을 귀하게 보시고 상상치 못한 응답을 주신 것이다. 다윗도 동일한 경험을 했다.

> "나는 그들이 병들었을 때에 굵은 베옷을 입으며 금식하여 내 영혼을 괴롭게 하였더니 내 기도가 내 품으로 돌아왔도다" 시 35:13

그들은 누구인가? 12절을 보면 '내게 선을 악으로 갚아 나의 영혼을 외롭게 하는 자들'이라고 했다. 선을 악으로 갚는 사람들을 위해 어떻게 중보기도를 할 수 있는가? 그러나 다윗은 주님과 깊은 교제를 통해 주님의 마음을 가지게 되었고 자기의 한계를 뛰어넘는 기도를 드리게 되었다. 다윗의 축복은 한계를 뛰어넘는 중보기도 때문에 받은 축복이었다.

기도를 하는데도 주님의 마음이 없는 사람은 진짜 기도를 드리지 않은 사람이다. 진짜 기도는 나를 내려놓고 주님의 음성에 순종하는 기도를 말한다. 진짜 기도를 드리면 내가 없어진다. 점점 주님이 내 안에 주인이 되어 나를 점령해 버린다. 그러므로 기도하지 않으면서 주님의 인격을 논하는 사람은 위선자다. 기도하지 않는 자에게는 절대 주님의 인격이 임하지 않는다.

기도한 자만이 주님을 닮을 수 있다. 깊은 기도 없이는 주님과 연결될 수 없다. 기도를 통해 주님과 마음이 연결될 때 주님의 마음을 전수 받게 된다. 주님의 마음을 전수 받을 때 주님의 음성이 들린다. 기도해도 주님의 음성이 들리지 않는가? 조금만 더 시간을 내어 기도에 헌신해 보라. 일상의 바쁜 일을 뒤로 하고 주님께 집중할 때 주님의 마음이 전해지고, 주님의 음성이 들린다. 순종하면 축복이 온다. 기도 응답은 하늘에서 떨어지지 않는다. 순종할 때 응답이 주어진다. 하나님은 순종의 발걸음 아래 응답을 놓아 두신다.

chapter 6

응답이 오기 전에
해야 할 일

하나님, 돈 좀 주세요

개척 교회는 모든 것이 부족하다. 특히 사람과 돈이 부족하다. 개척 교회를 하다보면 한 사람이 천하보다 귀하다는 말을 실감한다. 새벽기도에 낯선 사람이라도 한 사람 오면 저 사람이 우리 교회 등록하려나? 이런 생각이 든다. 새벽기도 몇 번 나오다가 안 보이면 실망이 이만 저만이 아니다. 등록할 것이 아니라면 개척 교회에는 가지 말 것을 권한다. 괜히 목사님 마음에 실망만 안겨준다.

나는 개척 교회를 하면서 한 사람의 소중함을 배웠다. 개척 교회는 돈이 없다. 항상 돈이 부족하다. 그러다보니 기도의 대부분이 사람 보내 달라는 것과 재정 채워 달라는 기도를 많이 한다. 나도 주님께 돈을 달라고 많이 기도했다.

한 번은 아예 주님께 작정기도를 드리기로 했다. 시간은 정하지 않고 주님이 채워주시기까지 기도하기로 하고 아침부터 저녁까지 강단을 떠나지 않고 기도만 했다. 족히 하루 10시간씩은 기도했던 것 같다. 하루 10시간씩 기도하는 것은 어렵다. 저녁이 되면 녹초가 된다. 그래도 작정한 기도를 하루씩 해 나가는데 일주일쯤 되었을 때이다.

돈 달라고 기도했는데 도리어 돈을 주라고 하신다

한 부인이 찾아왔다. 상담을 하고 싶다고 했다. 원래 이 부부는 둘 다 결혼을 한 형편인데 놀이공원에 갔다가 서로 만나 각자 이혼을 하고 다시 결혼을 했단다. 재혼한 지 일 년 남짓 되었는데 부인이 만삭의 몸으로 날 찾아온 것이다.

앉자마자 하는 말이 "저 이혼할 거예요" 하고 말했다. 놀란 가슴을 누르고 이유를 물었다. 남편이 때린단다. 그래서 친정에 갔다 왔는데 오는 길에 기독교 상담소에 들러 상담을 했더니 상담을 하는 여전도사가 그런 남자와는 이혼을 하라고 했단다. 한심했다. 신앙적 상담을 하는 곳에서 너무 쉽게 이혼을 말했다. 나는 이혼하지 말고 살라고 했다. 너무 쉽게 결정하지 말고 좀 참고, 믿음으로 이기고 살면 축복의 날이 올 것이라고 권면했다.

별로 만족하지 않은 표정으로 돌아갔다. 이틀 후 급박한 전화가 왔다. "전도사님, 빨리 와 주세요. 저 지금 애가 나올 것 같아요." 병원에 가야 하는데 남편이 가든지 죽든지 마음대로 하라고 버티고 있단다. 집으로 올라갔더니 아내는 소파에 기대 끙끙거리고 있는데 남편은 화가 나 있었다. 내가 들어가니 대뜸 소리치기를 남편이 "누가 목사에게 전화하라고 했어?" 이러는 거다. 나는 그 때 목사가 아니었지만 속으로 따지기를 '목사가 뭐냐 목사님이지!' 속으로 칠칠맞은 놈이라고 욕했다.

부인을 병원에 데리고 가라고 하니까 못 가겠다고 버틴다. 이유가 뭐냐고 했더니 돈이 없단다. 돈이 없으니 죽든 말든 마음대로 하라고 소리쳤다. 집에 와 통장에 있는 돈을 달달 긁으니 100만 원이었다. 부인을 교회 봉고에 태워 병원으로 달려가서 수술실로 보냈다. 산부인과가 비싸기로 유명한 화곡동에 있는 미즈메디 병원이었다. 내가 가진 돈 전부를 병원비로 냈다. 남편과 식사를 하면서 부인을 잘 돌보라고 당부를 하고 교회로 돌아왔다.

교회로 돌아와 무릎을 꿇으니 한심했다. 이게 뭔가 싶

었다. 하나님께 돈을 채워 달라고 기도했는데 있는 돈까지 다 날아가 버린 것이다. 그 당시 교회를 옮기면서 실내 공사를 하면서 1천6백만 원이 들었는데 그 돈을 전부 빚으로 했다. 나는 주님께 그것을 갚아 달라고 기도했는데 주님은 있는 돈까지 빼앗아 버렸다. 기도하고 손해만 본 것이다. 나는 답답한 마음에 그저 강단에 무릎만 꿇고 있었다. 하늘 문은 닫혀 있었다. 나는 그래도 강단에서 무릎 꿇고 기도하고 있었다.

목사님, 쓰세요

그렇게 며칠이 지났다. 오전에 기도하고 있는데 밖에서 인기척이 들렸다. 누구냐고 했더니 나를 잠깐 보고 싶다고 했다. 문을 열고 맞이했는데 그분은 가끔 우리 교회 새벽기도에 나오는 타 교회 집사님이었다. 봉투를 쑥 내밀더니 "목사님, 필요한 곳에 쓰세요" 이런다.

"나는 아직 목사가 아니고 전도사입니다"라고 했더니 그분이 말하기를 집을 팔았는데 본 교회에 십일조하고 나니 괜히 우리 교회 생각이 나더란다. 마음에 감동이 오는데 나를 꼭 도와주고 싶다는 감동이 갑자기 밀려와 한걸음에 달려왔다고 했다. 봉투를 받아보니 아주 얇았다. 나는 많아야 십만 원 정도 들었겠다 생각하고 감사하다고 인사하고 주머니에 넣으려고 하는데 그분이 한 번 봉투를 열어보시라고 재촉했다.

나는 속으로 '별 이상한 사람이네, 돈 얼마 주고 꼭 저렇게 생색을 내고 싶나보지. 보나마나 10만 원 정도가 들었겠지' 봉투 두께로 봐서 최고로 많아야 10만 원을 쳐준 것이다. 봉투를 열어보는 순간 깜짝 놀랐다. 수표가 들어 있는데 동그라미가 너무 많았다. 한참을 세었다. 그리고 또 한 번 깜짝 놀랐다. 수표에 1천6백만 원이라고 쓰여 있지 않은가?

하나님을 찬양한다. 하나님의 신실함을 높여 드린다. 하나님은 자기 백성의 기도를 결코 외면하지 않으시는 분이다. 하나님은 백성의 기도를 들으시고 알지도 못하는 사람으로부터 기적처럼 공급해 주셨다.

먼저 주라 그리하면 채우리라

기도 응답을 받고 보니 산부인과 사건은 주님의 시험이었다. 아브라함을 시험하듯이 나를 시험한 것이다. 하나님은 망하게 하는 분이 아니시다. 우리의 마음을 보기를 원하신다. 우리 마음이 주님의 마음을 닮기를 원하신다. 하나님은 이기적인 사람을 싫어하신다. 야고보는 정욕을 위해 기도하면 응답 받지 못한다고 했다.

나는 돈을 달라고 기도했다. 그러나 그 기도가 정욕을 위한 기도인지 주님의 마음에 합한 기도인지 알아보기 위해 시험을 하셨다. 내게 있는 전부의 돈을 나누기를 원하셨다. 만약 그 돈이 아까워 주머니에 감추어 두었더라면 하나님은 더 큰 것으로 주실 수 없었을 것이다.

아브라함이 이삭을 모리아 산에서 죽였다. 하나님은 아들을 죽인 것으로 받으셨다. 그런 후에 성경은 아브라함의 인생에 대하여 이렇게 기록한다.

"아브라함이 나이가 많아 늙었고 여호와께서 아브라함의 범사에 복을 주셨더라" 창 24:1

아브라함이 이삭을 바치지 않았다면 죽을 때까지 이삭으로 인해 갈등하며 고민 가운데 살았을 것이다. 아낌없이 내놓았을 때 비로소 하나님의 공급과 인도를 받을 수 있었다. 성경의 원리는 주는 것을 통해 더 많은 것을 받는 원리다.

주라 그리하면 너희에게 줄 것이니 곧 후히 되어

누르고 흔들어 넘치도록 하여 너희에게 안겨 주리라
너희의 헤아리는 그 헤아림으로 너희도 헤아림을 도
로 받을 것이니라 눅 6:38

우리가 기도하면서 오해하는 것은 응답이 꼭 내 방식으로 와야 한다는 생각이다. 그렇지 않다. 기도 응답은 하나님이 정하신다. 기도한 것마다 우리 방식대로 다 응답된다면 우리 영혼은 버림받는다. 이스라엘 백성을 보라. 그들은 광야에서 하나님께 구했다. 그러나 기도를 통해 성숙하지 못했다. 오직 자기 필요만 구하고 받기에 급급했다. 떼를 쓰고 모세에게 도전하고 덤볐다. 시편 106편 15절을 보면 '여호와께서는 그들이 요구한 것을 그들에게 주셨을지라도 그들의 영혼은 쇠약하게 하셨도다' 라고 했다. 우리 방식으로 응답을 고집할 때 영혼이 버림을 받는다. 응답은 하나님의 방식으로 와야 한다.

병 낫게 해 달라고 기도했는데 하나님은 병자들을 위해 봉사하라고 하신다. '내가 병들었는데 누구를 위해 봉사한단 말이냐' 라고 생각한다면 잘못이다. 주님은 당신의 봉사를 통해 당신의 병을 고치고 싶은 것이다. 물질을 채워달라고 기도할 때 주님은 이웃의 가난한 자를 물질로 도우라고 하신다. 자기 주머니의 돈을 꼭꼭 감추고 주님께 계속 구한다면 주님의 공급은 오지 않는다.

당신이 주님의 음성에 순종해서 가진 돈으로 선을 행할 때 하나님은 누르고 흔들어 넘치도록 채워주신다. 사랑 받는 사람이 되게 해 달라고 기도할 때 주님은 먼저 사랑하라고 말씀하신다. 먼저 선을 베풀고, 먼저 친절히 대하고 먼저 다가가라고 말씀하신다. 당신이 먼저 사랑할 때 많은 사람이 당신의 친구가 된다.

기도 응답은 무에서 오지 않는다. 우리가 응답을 받으려면 내가 원하는 것을 먼저 심어야 한다. 치유를 원하면 병든 사람을 섬기면서 치유를 심어야 한다. 물질의 증대를 원한다면 이웃의 가난한 자들을 위해서 먼저 물질을 심어라. 사랑 받기를 원한다면 소외된 자들에게 다가가 먼저 사랑을 심어라.

주님은 응답의 비를 준비하고 계신다. 문제는 비가 내려도 열매를 맺을 씨앗을 우리가 심지 않는 데 있다. 가만히 앉아서 응답을 기대하지 마라. 당신이 원하는 것을 주님과 이웃을 위해 먼저 심어라. 손해 본다고 생각하지 마라. 씨앗을 심는다고 믿어야 한다. 농부는 사흘을 굶어도 씨앗을 밭에 뿌린다. 밭에 뿌리면서 씨앗을 빼앗긴다는 생각은 하지 않는다. 몇 달이 지나면 삼십 배 육십 배 백 배로 추수할 것을 알기 때문이다. 응답이 그렇다. 당신이 심은 것은 반드시 열매를 맺는다.

사렙다 과부처럼 하라

사렙다 과부를 보라. 3년 가뭄에 산천도 초목도 말라 죽었다. 과부는 남편도 없이 어린 아들과 함께 근근이 살았는데 이제 양식도 떨어졌다. 밀가루 한 움큼과 기름 한 방울이 전부였다. 하나님께 살려 달라고 기도하지 않았을까? 나는 분명히 기도했을 것이라고 믿는다.

어느 날 선지자가 찾아왔다. 과부는 하나님의 마지막 응답이라고 생각했을 것이다. 그런데 선지자가 자기더러 마지막 남은 밀가루와 기름으로 음식을 만들어 대접하라고 한다. 그러면 가뭄이 끝나는 날까지 밀가루 통에 밀가루가 마르지 않고 기름병에 기름이 그치지 않을 것이라고 했다.

이건 순서가 잘못되었다. 먼저 밀가루와 기름을 채워주신 후에 선지자를 대접하라고 해야 옳다. 그런데 먼저 대접하면 채워주겠다고 하신다. 선지자는 그릿 시냇가에서 까마귀가 물어주는 떡과 고기를 먹고 지냈기 때문에 건강했다. 과부의 형편과는 반대였다. 선지자가 과부의 필요를 채워주어야 할 것 같은데 도리어 음식을 만들어

달란다.

이것이 시험이다. 대부분의 그리스도인들이 여기서 넘어진다. 기도를 포기하고 돌아서 버린다. 하나님을 배반하고 자기 길로 가버린다.

과부의 믿음을 배워라. 과부는 선지자의 말을 믿었다. 먼저 심으면 풍성하게 거둔다는 말을 붙잡았다. 이것은 하나님의 말씀이다. 과부는 마지막 남은 밀가루와 기름으로 음식을 만들어 엘리야를 대접했다. 엘리야는 눈을 말똥거리며 쳐다보고 있는 어린 아이 앞에서 한 입까지 음식을 맛있게 먹어 버렸다. 선지자의 행동은 매정했다. 때로 주의 종들이 당신을 매정하게 다루더라도 시험에 들지 않기를 바란다.

기억하라. 이것은 하나님의 시험이다. 하나님은 응답하기 전에 먼저 과부의 믿음을 보시기를 원했다. 하나님의 약속을 전적으로 믿는 믿음을 원하셨다. 과부는 하나님의 시험에 통과했다. 그는 자기 형편에 빠지지 않았다. 하나님의 약속을 붙들었다. 하나님은 풍성한 응답을 주셨다.

원하는 것을 먼저 주라. 그러면 하나님께서 상상치 못할 축복으로 응답하신다.

chapter 7
천사의 도움을 간구하라

천사의 존재를 믿는가?

당신은 천사의 존재를 믿는가? 그리스도인은 마땅히 천사의 존재를 믿어야 한다. 천사를 믿지 않으면 심각해진다. 천사를 믿지 못하면 영적인 세계를 믿지 못한다. 천사를 믿지 않는 신앙이 영이신 하나님을 믿을 수 없다. 성경은 하나님과 천사와 귀신이 다 실재라고 가르치고 있다.

천사는 영적인 존재로 눈에 보이지 않지만 실제적으로 활동한다. 성경은 천사를 돕는 자라고 했다. 누구를 돕는가? 기도하는 하나님의 백성을 돕는다. 기도로 도움을 요청할 때 천사는 항상 당신 주위에서 당신을 돕는 호위 군사로 역할을 감당한다.

죽음 앞에서 기적적인 구출

첫째 아이가 네 살쯤 되었을 때였다. 나는 그 때 많은 시간을 기도에 헌신했다. 하루 종일 강단에서 능력을 구하며 무릎을 꿇었다. 나는 아침마다 예수님의 보혈로 가족을 덮는다. 천사의 도움을 구하며 지켜주기를 기도한다. 나는 천사가 실제로 일한다고 믿기 때문이다.

추운 겨울이 가고 따뜻한 봄날이 되었다. 세 식구가 시간을 내어 봄나들이를 갔다. 미사리 조정 경기장으로 가서 즐거운 시간을 보냈다. 그곳은 원래 자동차가 다니지 못하기 때문에 어린 꼬마들도 자유롭게 다니며 놀 수 있다. 아내와 나는 가게 앞에서 음식을 먹고 있고 아이는 혼자 여기 저기 돌아다니며 자유롭게 놀았다. 혼자 경기장 옆에까지 갔지만 안전한 펜스가 설치되어 있어서 걱정 없이 앉아 있었다.

잠깐 아이를 잊어버리고 음식을 먹는 데 집중하다가 고개를 드는 순간 온몸이 얼어붙었다. 15인승 이스타나가 전속력으로 달려오는데 아이는 아무것도 모르고 도로를 건너고 있었다. 원래 조정 경기장 안에서는 차를 타지 못하게 되어 있다. 자전거를 타거나 오토바이를 타면서 선수들을 따라다니게 되어 있었다.

조정 경기장 안에서 자동차를 타는 것은 명백한 불법이었다. 그러나 총알처럼 달리는 차에게 내가 불법이라고 소리를 칠 것인가? 어어 하고 있는 순간 순식간에 자동차와 아이가 꽝하고 부딪혔는데 애가 공중으로 풍선처럼 뜨더니 땅에 툭 떨어졌다. 그 장면을 앉아서 생생하게 목격을 했다.

애가 공중에 붕 뜨는 순간 총알처럼 일어나 애를 향해 달리면서 두 가지 생각이 들었다. 첫째는 죽었다. 둘째는 불구가 되었다. 아무런 다른 생각이 들지 않았다. 죽지 않았으면 불구가 되었을 것이라는 생각만 머리에 가득했다. 달려가 안으니 울지 않았다. 숨도 쉬지 않는다. 아이를 흔들었다. 정신없이 흔들고 따귀를 때렸다. 갑자기 울음을 터뜨렸다. 죽지는 않았구나. 그렇다면 두 번째밖에 남지 않았다. 불구가 되었을 것이다. 엄청난 속도로 달리는 봉고차와 부딪혔으니 분명히 뇌손상을 입었거나 다른 곳에 치명상을 입었을 것이라고 생각했다.

차에 태우고 병원으로 가서 모든 곳의 사진을 찍었다. 구석구석 남김없이 사진을 찍었다. 의사가 말하기를 "완전히 정상입니다. 어떠한 이상도 발견되지 않습니다. 뇌도 아주 깨끗합니다." 할렐루야! 아내와 나는 주님께 감사를 드렸다. 이것을 어떻게 설명하겠는가? 엄청난 속도로 달려오는 15인승 봉고차와 부딪친 아이가 어떻게 머리털 하나도 상하지 않고 완전히 건강할 수 있는가? 속도와 중력의 법칙으로 설명하자면 백 퍼센트 죽어야 한다.

그런데 머리털 하나 상하지 않고 완전히 건강했다. 이렇게 완벽하게 깨끗한 이유가 무엇인가? 나는 천사가 보호했기 때문이라고 믿는다. 그리고 우리 부부는 지금까지 조금도 의심 없이 천사가 보호해 주신 것이라고 사람들에게 증거한다. 자동차와 부딪치는 순간 천사가 아이를 안고 공중으로 날았다가 내려앉은 것이다.

아이가 건강한 것에 감사해서 우리 부부는 불법으로 조정 경기장 안에서 운전한 운전자에게조차 아무것도 따지지 않았다. 나중에 일 끝나고 나서 운전자는 감사하다면서 고백한 말 때문에 안 것이지만 그때 자기가 급한 일이 있어서 액셀레이터를 밟았는데 속도가 거의 120킬로미터나 되었다고 했다.

운전자의 고백에 의하면 아이를 발견하는 순간 차에 분명히 부딪쳤는데 아이가 옆으로 휙 날리면서 공중으로 뜨더니 떨어지더라고 했다. 분명히 차에 부딪쳤는데 충격도 없고 찌그러진 곳도 없었단다. 우리는 경황이 없어서 그런 것을 살펴보지도 않았는데 운전사의 말을 듣고 보니 더욱더 하나님이 천사를 보내어 아이를 지켜 주셨다는 확신이 왔다.

성경은 천사 이야기로 가득

성경은 천사 이야기로 가득하다. 아브라함을 찾아온 천사, 롯을 찾아온 천사, 야곱과 밤새 씨름한 천사, 기드온에게 찾아온 천사, 여호수아에게 나타났던 천사, 엘리사와 게하시에게 보였던 천사, 사드락과 메삭과 아벳느고를 풀무불에서 건져준 천사, 다니엘에게 나타난 천사, 마리아를 찾아와서 예수님의 나심을 알려준 천사, 베드로에게 보였던 천사, 요한에게 나타난 천사 등 이것 외에도 수많은 천사 이야기가 성경에 나온다.

천사가 하는 일

첫째, 천사는 하나님의 비밀을 알려준다.
아브라함과 마리아에게 나타난 천사는 하나님의 비밀을 미리 알려주는 역할을 했다. 아브라함에게는 소돔 성이 멸망할 것을 알려주어 중보기도를 드리게 했다. 마리

아에게는 예수님의 탄생을 알려서 믿음으로 준비하게 했다. 처녀가 잉태하면 돌에 맞아 죽는다. 그런데 미리 알려줌으로 믿음으로 길을 준비하게 만들어 주신 것이다. 천사는 어디에나 존재하지만 아무에게나 보이지는 않는다. 천사의 존재는 기도하는 사람만이 영으로 느낄 수 있다. 때로는 직접 보이기도 한다.

둘째, 천사는 우리를 지켜준다.

롯을 찾아온 천사는 지켜주는 역할을 했다. 소돔 성이 유황불에 멸망할 순간 천사가 롯에게 찾아와 강제로 손을 끌고 성을 빠져나옴으로 함께 멸망하지 못하도록 지켜주었다. 엘리사와 게하시에게 보인 천사도 동일한 역할을 했다. 엄청난 적군 앞에서 벌벌 떨고 있는 게하시를 위해 엘리사가 기도했더니 게하시의 영의 눈이 열렸다. 눈앞에 펼쳐진 장면이 엄청나고 놀라워 입이 다물어지지 않았는데 수많은 천군과 천사들이 성을 지키고 있는 모습이 보였다. 천사들을 보는 순간 게하시의 두려움은 순식간에 사라져 버렸다.

기도하면 영의 눈이 떠진다. 기도하는 자는 하나님의 천사를 보게 된다. 하나님의 천사가 자기를 지켜주는 것을 보면 어떤 환경도 두렵지 않다. 문제와 공격에도 담대할 수 있는 것은 천사가 나와 함께 하는 것을 알기 때문이다. 기도하는 사람만이 이것을 영의 눈으로 볼 수 있다.

셋째, 천사는 영적인 전쟁을 한다.

다니엘은 예레미야의 책을 읽다가 이스라엘 회복에 관한 예언을 읽고 기도하기 시작한다. 금식을 하며 기도하는데 응답이 오지 않는다. 응답이 오지 않을 때 기도는 피곤해진다. 그러나 믿음의 사람은 포기하지 않는다. 하나님의 약속을 믿기 때문이다. 21일째가 되었을 때 하나님의 응답이 왔다.

천사가 말하기를 네가 기도하는 순간 응답이 왔다. 천사가 말하기를 네가 기도하는 순간 응답을 가지고 오려고 했으나 메대 바사 군대가 길을 막아서 늦어졌다고 했다. 만약 다니엘이 계속 기도하지 않았다면 천사가 길을 뚫지 못하고 되돌아갔을 것이다. 그러나 다니엘이 포기하지 않고 끝까지 기도함으로 천사가 힘을 얻고 싸움에서 이길 수 있었다.

우리가 기도할 때 천사는 더 활발하게 역사한다. 기도는 천사를 움직이게 하는 힘이다. 기도하지 않으면 천사는 움직이지 않는다. 왜 기도하는 사람이 많은 일을 감당하는지 아는가? 천사가 그 사람을 위해 활발하게 일하기 때문이다.

    왜 기도하는 사람이 어려움을 이기고 승리하는지 아는가? 천사가 적극적으로 와서 일을 처리해 주기 때문이다. 기도하는 사람이 능력이 많은 비결도 마찬가지다. 기도할 때 천사가 와서 도와줌으로 그 사람의 능력이 극대화된다. 기도는 천사를 움직이게 하는 힘이라는 것을 기억하라.

넷째, 천사는 고집을 꺾어 순종하는 사람으로 만든다.

    기도를 하다보면 고민이 되고 기도가 어려울 때가 있다. 누군가가 내 기도와 씨름을 하는 것처럼 느껴질 때가 있다. 야곱을 찾아온 천사는 씨름을 하기 위해 찾아왔다. 야곱의 인본주의를 꺾어 주님께 순종하는 사람으로 만들기 위해 찾아왔다. 천사는 밤새도록 야곱과 씨름했다. 천사가 마지막에 야곱의 환도 뼈를 꺾었다. 야곱은 의지가 매우 강한 사람이었다. 야곱은 두 다리를 의지해 살아가는 인본주의 인생이었다. 그런데 환도뼈가 꺾였으니 더 이상 자기의 두 다리를 의지할 수 없게 되었다. 그는 드디어 천사에게 매달려 하나님의 축복을 구한다. 야곱은 천사와 씨름하다가 다리가 부러지고 난 다음 신본주의 인생으로 변했다. 하나님은 야곱의 이름을 이스라엘로 바꾸어 주셨다.

이스라엘은 '하나님과 겨루어 이긴 자'라는 뜻을 가지고 있다. 성도의 승리는 강함에 있지 않다. 성도의 승리는 항복에 있다. 하나님 앞에 깨어지고 항복할 때 하나님은 그 사람을 보고 '하나님과 겨루어 이긴 자'라는 새 이름을 주신다. 하나님 앞에서는 의지가 통하지 않는다. 하나님 앞에 가장 큰 축복은 깨어지는 것이다.

깨어지는 것이 응답의 가장 빠른 길이라는 것을 기억하라. 아무리 기도해도 응답이 없는가? 금식을 해도, 철야를 해도 응답이 없는가? 아직 당신이 깨어지지 않았기 때문이다. 주님은 당신이 깨어지기를 기다리고 계신다. 깨어지면 이스라엘이 된다. 당신이 주님 앞에 완전히 깨어지는 순간 응답의 문이 활짝 열린다.

다섯째, 천사는 극한 위험에서 건져준다.

사드락과 메삭과 아벳느고가 하나님을 섬기다가 풀무불에 들어갔을 때 그곳에 네 사람이 있었다. 그 중 한 명은 천사였다. 천사가 극한 위험에서 세 사람을 지켜준 것이다. 다니엘이 기도하다가 누명을 쓰고 사자 굴에 들어갔을 때도 머리털 하나 상하지 않았다. 굶주린 사자가 다니엘을 건드리지 못한 것은 천사가 극한 위험에서 지켜주었기 때문이다.

나의 경우도 동일하다. 15인승 봉고가 120킬로미터로 총알같이 달려 아이를 치었는데도 머리털 하나 상하지 않은 것은 극한 위험에서 하나님의 천사가 지켜주었기 때문이다. 그런데 여기서 놓치지 말아야 할 것은 극한 위험에서 건짐을 받는 사람들이 모두 기도의 사람이었다는 것이다. 항상 기도하며 하나님의 도움을 구한 사람은 극한 위험에 처해도 안전하다. 이미 기도로 하나님의 도움을 구했기 때문에 극한 위험을 당할 때 하나님이 천사를 보내어 도와주신다.

천사의 도움을 구하라

기도할 때마다 천사의 보호하심을 구하라.

> "모든 천사들은 섬기는 영으로서 구원 받을 상속자들을 위하여 섬기라고 보내심이 아니냐" 히 1:14

지혜로운 성도는 천사의 존재를 알고 천사를 부릴 줄 아는 사람이다. 천사의 존재를 믿을 뿐 아니라 기도할 때마다 하나님께서 천사를 보내어 당신을 돕기를 구하라. 당신이 기도할 때마다 하나님께서 천사를 통하여 당신을 도와주기를 구한다면 당신은 지금보다 훨씬 안전한 생활을 할 수 있다.

당신이 기도할 때 하나님은 천사를 보내어 하나님의 비밀을 알려주고, 당신을 지켜주고 영적 전쟁을 담당하고 우리를 꺾어 하나님 앞에 순종하는 사람으로 만들어 주고 극한 위험에서도 당신과 사랑하는 가족과 친구와 친척들을 안전하게 보호해 준다. 하나님이 계시듯 천사도 존재한다. 기도를 통해 천사의 도움을 구하고 천사의 보호하심을 충분히 입는 지혜로운 사람이 되기 바란다.

chapter 8
무릎으로 기도를 배우다

기도 많이 하는 소원

나는 기도 많이 하는 목사가 되고 싶었다. 기도 많이 하는 목사님들을 늘 존경했다. 어떻게 하면 저렇게 기도 생활을 할 수 있을까? 나는 목회를 시작하면서 기도 생활에 많은 시간을 바쳤다. 주님께 능력 달라고 오랫동안 기도했다. 하나님이 하늘의 문을 열어 주셨다.

예수님은 제자들에게 너희가 능력을 입을 때까지 예루살렘을 떠나지 말라고 했다. 제자들은 마가 다락방에 모여 기도하다가 위로부터 능력을 받았다. 능력을 받으면 증거가 나타난다. 하나님께서 제자들에게 능력을 주셨다.

제자들이 가는 곳마다 병 고침의 역사가 나타났다. 이것이 복음을 전하는 데 큰 도움이 되었다.

여기에 기록된 간증들은 주님이 주신 치유의 열매들 중 몇 가지다. 연약한 기도의 무릎에도 크게 응답하시는 하나님을 찬송한다. 간증을 읽을 동안 당신에게도 동일한 응답의 역사가 있기를 바란다.

하나님은 오늘도 치료하십니다

금요 기도회 시간에 교인 한 사람이 기도를 받으러 앞으로 나왔다. 나는 머리에 손을 얹고 축복기도 하기를 즐긴다. 평소에 하던 대로 머리에 손을 얹고 축복기도를 하는 순간 내 머리가 아찔해졌다. 순간 쿵 하는 소리가 나더니 기도 받던 사람이 쓰러져 버렸다.

너무 신기했다. 내가 아찔한 순간 하나님의 능력이 그 사람을 통과해 지나간 모양이다. 그 일 이후로 기도할 때면 자주 그런 일이 일어났다. 나는 이것을 '성령 안에서 안식하기'라고 부른다. 이렇게 성령 안에서 안식하고 나면 사람들이 다양한 치유의 간증을 했다.

한번은 엉덩이 꼬리뼈가 늘 아파 앉아 있기가 불편한

여집사님이 기도를 받으러 나왔다. 내가 손을 얹고 기도하는데 성령 안에서 안식했다. 한참을 누워 있더니 일어나 자리에 돌아갔다. 이틀 후 주일 예배를 마치고 나가면서 내게 달려와 "목사님, 완전히 나았어요"라고 기뻐하며 말했다. 지금까지 건강하다고 자랑한다. 치료하시는 하나님께 영광을 돌린다.

우리 교인 중에 목 디스크로 고생하는 분이 있다. 목을 움직이기 힘들 만큼 아프고 팔을 움직이기가 불편하다고 했다. 기도회 시간에 앞에 나와 기도를 받았다. 손을 얹는 순간 쿵 하고 뒤로 넘어졌다. 한참을 성령 안에서 안식하고 일어났다. 나가면서 "목사님, 너무 좋아졌습니다" 했다. 주일에 만났다. 활짝 웃으면서 내게 와서 말하기를 "목사님, 완전히 나았습니다. 목을 마음대로 움직일 수 있습니다" 그러면서 목과 팔을 막 돌리는 것이 아닌가? 하나님이 치유해 주셨다. 하나님께 영광을 돌린다.

허리가 아파 꼼짝을 하지 못하는 분에게 기도해 준 적이 있다. 여자 성도인데 침대에 누워 움직이지 못했다. 일어나서 생활하기는커녕 돌아눕는 것도 어려워 고생하고 있었다. 몸을 움직일 때마다 통증에 신음을 내뱉었다. 두어 번

기도를 해 주었지만 증세는 조금도 나아지지 않았다.

어느 날 새벽기도 시간에 기도하고 있는데 마음에 감동이 왔다. '성경에 나온 대로 기름을 바르고 기도하라.' 마음이 뜨거워졌다. 나는 아침이 되기를 기다렸다가 그분 집으로 달려갔다. 누워 꼼짝하지 못하는 환자에게 돌아누우라고 하고 허리 부분에 옷을 걷고 기름을 발랐다. 올리브 기름을 바르고 기도하는데 환부에 얹는 손이 뜨거워졌다.

나는 속으로 나았다는 확신이 왔다. 환자도 기도를 받으면서 허리가 뜨거워지더니 시원하다고 했다. 기도를 마쳤는데 슬슬 일어나 앉았다. 누워서도 움직이지 못한다고 하더니 조용히 일어나 앉았다. 일어서더니 발을 옮기고 다녔다. 허리를 앞뒤로 굽혔다가 폈다가 했다. 신기한지 소리를 외쳤다.

방바닥에 엎드리더니 아들에게 허리를 발로 눌러 보라고 했다. 아들이 발을 허리에 올리고 누르니 "아프지 않아요" "아프지 않아요"라고 하면서 너무 기뻐했다. 그날 치유 받은 후로 지금까지 건강하다. 하나님께 영광을 돌린다. 하나님은 여호와 라파시다.

병원에 심방을 갔다. 70세가 가까운 여집사님인데 병원에서 심장 수술을 해야 한다고 말했다. 남편 집사님이 꼭

와서 기도를 해달라고 부탁해서 경희대학 병원에 심방을 갔다. 병실에 들어갔더니 가족이 다 모여 있었다. 사위가 경희대학병원 의사로 있었다. 남편 집사님이 "목사님이 기도해 주시면 꼭 나을 것 같습니다"라고 말했다. 믿음이 좋았다.

나는 여집사님 가슴에 손을 얹고 기도했다. 기도를 하고 집으로 왔는데 남자 집사님으로부터 다음날 연락이 왔다. "목사님, 수술하기 전에 마지막 검사를 했는데 이상이 없다고 합니다." 그리고는 퇴원했다. 퇴원 후에도 여전히 건강하게 신앙생활을 하고 있다. 얼마 전에 전화가 와서 받았더니 "그날 목사님이 기도해 준 이후로 지금까지 너무 건강하게 잘 지내고 있습니다." 밝은 목소리로 감사를 했다. 하나님께 영광을 돌린다. 하나님은 살아 계신 우리 아버지시다.

지식의 말씀의 은사로 고치시다

한번은 기도회 중에 하나님이 내게 '오른쪽 관절'이라고 감동을 주셨다. 이런 일이 자주 있는 것은 아니지만 종종 있다. 나는 순종하는 마음으로 "오른쪽 관절이 아픈 분이 나았습니다"라고 선포했다. 정말 낫지 않으면 어떡하지 하는 걱정이 있었다. 예배를 마치고 성도들과 인사하는데 한 집사님이 오더니 "목사님, 오른쪽 관절이라고 할 때 고침을 받았어요"라고 말하는 것이 아닌가. 평소 오른쪽 관절이 아파서 계단도 오르기가 힘들었는데 내가 말하고 나서 치유를 받았단다.

나는 의심스러워서 계단을 한번 올라가 보라고 했더니 잘 오르내렸다. 정말 아프지 않느냐고 했더니 하나도 아프지 않다고 했다. 일주일이 지났다. 나는 다시 물었다. "재발하지 않았습니까?" "지금도 아프지 않습니까?"라고 했더니 하나도 아프지 않다고 하면서 하나님이 고쳐주셨다고 감사했다. 하나님께 영광을 돌린다.

펄펄 끓던 열이 즉시 내림

목회 초기에 주님의 능력을 구하며 많은 시간 무릎을 꿇었다. 섬기던 교회 구조는 앞에 강단이 있고 강단 옆에 목양실이 있었는데 바닥에 보일러가 깔리지 않았기 때문에 아내와 아이 둘은 목양실에서 전기장판을 깔아 놓고 잠을 자고 나는 강단에서 레자 방석을 깔고 기도했다. 나는 내복을 입고, 옷을 껴입고, 이불을 덮어쓰고 밤을 새웠다.

어른들은 충분히 견딜 만했지만 아직 두세 살밖에 되지

않은 딸이 문제였다. 전기장판 때문에 바닥은 따뜻했지만 외풍이 심해서 코가 시리고 머리맡에 떠놓은 물이 얼었다. 그래도 하나님의 돌보심으로 겨울을 잘 보냈는데 급기야 딸아이가 감기에 걸렸다. 열이 오르더니 몸이 불덩이가 되었다. 병원에 데리고 갔더니 열이 너무 많이 나서 위험하니 당장 입원을 시키라고 했다. 입원을 시키려니 돈이 없었다. 고민을 하다가 병원에서 치료만 받고 다시 교회로 데리고 왔다.

아이는 계속 고열 속에서 고통스러워하는데 손을 쓸 방법이 없었다. 아내는 약을 먹여 간신히 아이를 재우고 나는 강단에 올라가 기도했다. 밤중이 되었는데 아이가 깨어 울었다. 해열제 효과가 떨어진 것이다. 아내가 아이를 달래며 재우려고 애를 쓰지만 잠을 자지 못했다. 열이 올라 다시 몸이 불덩이같이 되었으니 아이를 위해 기도해 달라고 부탁했다.

목양실에 들어가 아이를 보니 열은 펄펄 끓고 눈은 시뻘겋게 충혈되어 있었다. 당장 보기에도 위험한 상태가 눈에 확 들어왔다. 이렇게 두다가 큰일이 일어날 것 같았다. 병원에서도 며칠 입원을 해서 치료받아야 한다고 했는데 기도한다고 나을까 싶었다. 그래도 믿음으로 딸의 머리에 손을 얹고 감기가 떠나가고, 열이 떨어지기를 간절히 기도했다. 정말 간절히 기도했다.

기도하는데 내 기도가 아이에게 쏙쏙 빨려 들어가는 것 같았다. 기도를 하다보면 공중에 흩어지는 기도가 있고 쫙 빨려 들어가는 느낌이 드는 기도가 있는데 그때 기도가 그랬다. 내 기도가 딸아이에게 쫙 빨려 들어가는 느낌이 들었다. 기도가 힘이 있었다. 기도하면서 낫겠다는 믿음이 생겼다. 기도하고 나니 펄펄 끓던 열이 순식간에 떨어지기 시작했다.

몇 분 지나지 않아 아이가 스르르 잠속으로 빠져 들어갔다. 조금 후에 이마를 만져보니 그렇게 펄펄 끓던 열이 깨끗이 사라져 버렸다. 체온이 완전히 정상으로 돌아왔다. 딸아이는 잠들어서 아침이 되기까지 한 번도 깨지 않고 잠을 잤다. 아침에 깨어났을 때는 완전히 건강해져 있었다. 지독한 열감기가 뿌리째 사라져 버린 것이다. 할렐루야! 오늘도 응답하시는 하나님을 찬송한다. 하나님은 살아계시고 자녀들의 기도에 기쁘게 응답하신다.

기도는 기도해야 배운다

물론 이 외에도 기도 응답의 간증들이 많지만 미심쩍거나 독자들에게 오해를 살 만한 것들은 제외했다. 그것은 하나님과 나만의 비밀이기 때문이다. 지면을 통해 간증한 것은 하나님의 살아계심을 증거하기 위해서다. 기도는 이론이 아니다. 기도는 이론으로 배울 수 없다. 이론으로 배운 기도는 기도가 아니다. 이론으로 배운 기도는 기도를 배운 것이 아니라 기도에 관것들을 배웠을 뿐이다. 수영을 이론으로 배울 수 있는가? 축구를 이론으로 배울 수 있는가? 수영은 물속에서 직접 손을 허우적거리면서 배워야 한다. 축구는 운동장에서 뛰면서 공을 직접 차면서 배워야 한다. 기도는 무릎을 꿇는 자만이 배울 수 있다.

기도 응답을 경험하지 못한 자는 기도를 모르는 자다. 기도에 대한 책을 백 권 읽어도 기도 응답의 경험이 없으면 그 사람은 기도가 무엇인지 모른다. 기도는 기도하는 자의 것이다. 기도하는 자만이 기도를 경험할 수 있다. 지금 기도의 무릎을 꿇어라. 무릎을 꿇을 때 응답은 현실이 된다.

chapter 9
응답을 기다리는 자들에게 주는 조언

기도하다가 빠지는 함정

기도를 강조하다 보면 이렇게 비난하는 말을 듣는다. "기도만 하면 되느냐?" "아무것도 하지 않고 기도만 한다고 하나님이 응답하시느냐?" 일리가 있는 말이다. 이런 의문을 가진 자들을 위해 허드슨 테일러가 대단한 명언을 한 마디 남겼다. "여러분, 기도할 때는 모든 것이 기도에 달린 것처럼 기도하십시오. 기도를 마치고 일을 할 때는 모든 것이 일에 달린 것처럼 일에 전념하십시오." 이것보다 기도를 더 잘 정의한 말이 없다고 본다. 응답을 믿는 자는 행동한다.

기도는 농사와 같아서 응답을 받을 때까지 가꾸어야 한다. 응답을 믿는다는 것은 막연히 기다리는 것이 아니다. 믿음은 행동이다. 응답을 믿는 자는 행동한다. 어떤 사람들은 우리가 노력하는 것은 불신앙이라고 말한다. 그러나 그렇지 않다. 노력은 불신앙이 아니라 믿음의 행위다.

손 마른 사람에게 예수님이 손을 내밀라고 말했다. 그 사람은 응답을 믿었다. 그러면 손에 살이 오르고 근육이 생기고 힘이 날 때까지 기다려야 하는가? 그렇지 않다. 그 사람은 마른 손을 내밀려고 노력했다. 그러는 가운데 응답이 왔다.

그러므로 응답을 기다리는 사람은 가만히 앉아 하늘만 쳐다보지 않는다. 응답을 기다리는 사람은 적극적으로 행동한다. 농부가 열매를 믿기 때문에 수고하는 것처럼 성도는 응답을 믿기 때문에 합당한 행위로 믿음을 증거한다.

나는 주님께 능력을 구하며 많은 시간 기도의 무릎을 꿇었다. 그러나 그것으로 만족하지 않았다. 나는 내가 할 수 있는 일을 찾아 했다. 한 달에 거의 20권씩 책을 읽었다. 목사에게 기도 외에 가장 중요한 것이 있다면 독서다. 모든 위대한 설교자들은 열정적인 독서가였다는 사실이 증거한다. 스펄전은 고등학교밖에 나오지 않았지만 평생 1만 2천 권의 책을 읽었고, 로이드 존스는 휴가를 가서도 책을 손에 놓지 않았다고 한다. 목사와 독서는 떼어놓을 수 없는 관계다.

목사님, 고맙습니다

독서를 하는 동안 주님은 내게 책을 쓰게 하셨다. 내가 쓴 첫 책이 《도전하라 기회가 있다》였다. 베스트셀러는 되지 못했지만 적어도 한 사람만은 살린 것이 분명했다. 책을 읽은 독자라고 말하면서 내게 장문의 메일을 보내왔다. 사연이 마음 아팠다.

그 자매는 그리스도인이었는데 믿지 않는 남편을 만났다. 결혼을 했으나 신앙 때문에 늘 갈등이 있었는데 첫째 아이가 태어난 지 몇 달 만에 죽어버렸다. 자매에게 너무 큰 상처가 되었다. 그러나 곧 임신을 하고 둘째 아이를 낳았는데 둘째 아이가 장애를 가지고 태어났다.

"왜 내게 이런 일이 반복되는가?" 자매는 깊은 상처를 받고 하나님을 떠났다. 하나님이 살아 계시다면 자기를 이렇게 대할 수 없다고 생각했다. 그녀는 우울증에 걸렸다. 자살을 하고 싶은 충동에 여러 번 사로잡혔다. 살고 싶지 않았다. 다니던 직장도 그만두고 매일 어두운 방에서 자기 인생을 슬퍼했다.

그러다가 우연히 내 책을 보게 되었다. 그녀는 책을 읽으면서 용기를 얻었다. 살아야 할 희망을 발견했다. 장문의 메일을 마무리하면서 고맙다는 인사를 했다. "목사님은 제 생명의 은인입니다. 이제 살아야 할 용기를 얻었습니다. 다시 희망을 가지게 되었습니다. 일어나 직장에도 다니려고 합니다. 목사님, 고맙습니다." 하나님은 보잘것없는 글 몇 자를 사용해서 한 생명을 살리셨다.

기도는 싸움이다

나는 독서와 함께 기도에 많은 시간을 헌신했다. 마가복음 9장 29절에 "기도 외에 다른 것으로는 이런 종류가 나갈 수 없느니라"라고 했다. 매일 강단에서 무릎을 꿇었다. 하루 일곱 시간씩 6개월을 쉬지 않고 기도한 적이 있다. 열심히 기도했다. 기도하면서 깨달은 것은 기도가 결코 쉽지 않다는 것이었다. 매일 30분, 한 시간 기도가 아니다. 매일 몇 시간씩 기도한다는 것은 중노동이었다. 저녁이 되면 녹초가 되었다.

일곱 시간씩 기도할 때는 새벽기도를 가려고 눈을 뜨면 걱정이 되었다. 오늘도 그 오랜 시간을 어떻게 기도하나? 기도가 매일 신비한 경험으로 이어지는 것이 아니다. 은혜가 충만할 때는 기도 시간이 쉽지만 어떤 때는 너무너무 지루하고 견디기 어려울 때가 있다. 지루하다고 불쑥 일어나서 나가면 기도에 실패한다. 나는 끝까지 앉아서 주님 이름을 부르면서 자리를 지켰다. 이것이 중요하다. 기도에 승리하려면 인내하며 기도의 자리를 지켜야 한다.

기도하다 쓴 책

하나님은 기도할 때 지혜를 자주 주셨다. 새벽기도를 하는데 머리에 삼손이 확 떠올랐다. 삼손을 주제로 책을 써야겠다는 생각이 들었다. 그리고 주제가 막 엮어졌다. 하나님께서 삼손의 책 제목과 목차를 선명하게 주셨다. 나는 급히 펜을 가지고 제목과 목차를 기록했다. 집으로 돌아와 그날부터 책을 쓰기 시작했다. 불과 두 달 만에 책을 완성해서 출판사에 보냈더니 기꺼이 출판을 허락했다.

그렇게 쓰여진 책이 《크리스천이 피해야 할 12가지 함정》이다. 많은 독자로부터 메일을 받았다. 특히 미국에 있는 독자로부터 메일을 받았는데 삼손을 새로운 시각으로 해석한 책이라는 칭찬을 많이 들었다. 주님은 기도하다가 지치지 말라고 가끔 보너스를 주신다. 내가 책을 쓴 것은 주님이 주신 보너스였다. 주님은 이 외에도 책을 쓰게 하셨다. 몇 년에 걸쳐 여러 권의 책을 출판했다. 책을 쓰게 해 달라고 기도한 것은 아니지만 기도하는 동안 주님이 보너스로 응답해 주신 것이다.

기도가 절망에 부딪힐 때

기도하는 사람의 가장 큰 절망은 기도해도 응답이 오지 않을 때다. 나도 그랬다. 오랫동안 기도했지만 응답은 쉽게 오지 않았다. 기도하다가 낙심하지 말라고 한 예수님의 말씀을 뼛속 깊이까지 이해하는 시간들이었다. 한결같이 주님을 붙들고 5년을 기도했다. 답답하고 지루한 시간이었다. 현실도 기도도 내게는 너무 고통스러웠다. 매일매일 싸움이었다.

그러나 나는 주님을 보며 끊임없이 희망을 외쳤고 기도의 무릎을 결코 포기하지 않았다. 지금 지나고 보면 모든 기도가 응답되었다. 그때는 지루하고 거절당하는 것 같았는데 하나님은 합력하여 선을 이루어 주셨다.

기도 응답은 두 가지 형태로 나타난다

기도는 두 가지로 응답된다. 첫째 유형은 기도한 그것

을 즉각적으로 주시는 것이다. 우리는 이런 형태의 응답을 좋아한다. 그러나 하나님은 이것보다 두 번째 방식을 선호하신다. 두 번째 방식은 합력하여 선을 이루시는 것이다. 각각의 기도제목이 그때마다 응답되지 않는 것처럼 보여도 시간이 지나고 나면 하나님께서 모든 기도를 합력하여 선하게 응답하신 것을 깨닫는다.

다윗의 기도는 후자에 속한다. 다윗은 어려울 때 무지하게 많이 기도했지만 별로 응답되는 것 같지 않았다. 시편을 보면 알 수 있다. 그런데 나중에 보면 하나님은 다윗의 기도를 들으시고 합력하여 선을 이루어 주셨다. 내가 기도 생활을 하면서 느낀 것은 하나님은 즉각적인 응답보다 후자의 방식을 더 선호하시는 것 같다.

다윗은 사무엘에게 왕이 될 것이라는 약속을 받았다. 왕의 기름부음을 받았다. 그러나 그 길로 어려워져서 십 년이 넘도록 사람이 당할 수 있는 모든 어려움을 당했다. 시편은 다윗의 기도인데 다윗의 탄식이 절절마다 나와 있다.

"하나님 왜 응답하시지 않습니까?" "하나님, 내가 주님을 기다리다가 목이 빠지겠습니다." "원수가 나를 이렇게 조롱하는데 기도하는 자가 이런 조롱을 당해도 됩니까?" "하나님을 섬기는 백성이 조롱을 당하는데 하나님은 왜 침묵하십니까?"

다윗의 기도는 절규였다. 그런데도 하나님은 묵묵부답이셨다. 시편을 읽으면 다윗이 너무 불쌍하다는 생각이 든다. 가끔 답답한 우리의 마음을 대변해 주는 것 같아 동변상련을 느낀다. 다윗의 기도는 실패처럼 보였다. 아무리 기도해도 응답이 없었다. 그런데 어떻게 되었는가? 시간이 지나고 보니 다윗의 모든 기도가 응답되었다.

그는 왕이 되었다. 가장 번성한 왕국을 누렸다. 다윗의 아들이 성전을 지어 하나님께 봉헌했다. 다윗의 가계에서 예수님이 오시고 왕국이 세세토록 번성했다. 마태복음 1장 1절에는 "아브라함과 다윗의 자손 예수 그리스도의 계보라"고 쓰여져 있다. 아브라함은 이해할 만하다. 믿음의 조상이니 당연히 예수 그리스도의 계보라고 할 수 있다. 그러나 왕들이 하나둘인가? 예수 그리스도의 계보에 든 사람들이 한둘인가? 그런데 성경은 다윗을 높여 주었다. 아브라함과 다윗의 세계라고 말하며 다윗의 왕국이 세세토록 번성할 것임을 보여 주었다.

기도는 이렇게 응답된다. 다윗의 기도는 하나도 응답되지 않는 것 같았지만 하나도 남김없이 응답되었다. 그러니 기도하다가 실망하지 마라. 당장 응답이 없다고 포기하지 마라. 불신앙의 말을 하지 말기 바란다. 하나님은 당신의 믿음을 보기 원하신다. 당장 아무런 증거가 없어도 하나님의 신실하심을 믿고 계속 기도하는 믿음을 보기 원하신다.

농부가 씨앗을 뿌리고 난 후에 아무런 증거가 없어도 계속 가꾸며 키우듯이 당신의 기도가 응답의 증거가 없을 때도 믿음으로 바라며 응답을 키우기를 기대하신다. 씨를 뿌리고 가꾸는 농부처럼 기도하라. 믿음을 지키며 합력하여 선을 이루는 하나님을 기대하라. 기도는 때때로 인내와 믿음의 시험을 거쳐야 한다. 응답되지 않을 것 같은 기도가 어느 날 갑자기 기적 같은 응답을 본다. 하나님은 신실하시니 믿어도 좋다. 추수의 계절이 다가오고 있다.

chapter 10

용서하고 축복하라

응답의 길목에 숨은 덫

살다가 쓴 물을 만날 때가 있다. 예상치 않은 배신을 당할 때 억울한 일을 당할 때 누군가가 이유 없이 해를 입혔을 때 우리는 분노하고 대적한다. 요셉처럼 신실하게 행했지만 누명을 써야 할 때 우리는 마지막 신앙마저 무너져 내린다. 신앙생활을 하면서 한 번씩은 당하는 일이다.

이럴 때 어떻게 해야 하는가? 이럴 때가 절호의 기회다. 요셉도 억울한 누명을 잘 극복했기 때문에 쓰임 받았다. 당신이 만약 요셉 같은 처지에 있다면 기적을 기대해도 좋다. 하나님은 절망의 밑바닥에서 당신을 건지기 위해 준비하고 계신다.

대형 교회 부목사로 잠깐 섬긴 적이 있다. 대형 교회는 모든 면에서 대우가 좋았다. 지방에서 담임목사를 할 때보다 사례를 무려 두 배나 많이 받았다. 각종 혜택이 많았다. 나는 오래오래 있고 싶었다. 정말이지 오래오래 혜택을 누리며 목회하고 싶었다. 그런데 주님의 뜻은 다른 곳에 있었다.

새로운 담임목사가 부임하면서 교역자들을 일제히 해고시켰다. 당연한 일이라 생각했지만 현실이 급박한지라 눈앞이 깜깜했다. 섭섭하고 억울한 마음도 들었다. 그러나 이때가 중요하다. 이런 어려움을 당할 때 우리가 어떤 태도를 취하느냐에 따라 하나님의 응답이 달라진다. 이때 올바른 태도를 취하면 상상치 못할 응답을 주신다.

당신이 억울한 일을 당할 때 꼭 기억해야 할 진리가 있다. '하나님은 주소를 잘못 배달하지 않으신다'는 것이다. 하나님은 주소를 잘못 배달하지 않으신다. 이것은 내 믿음이고 신조다. 우편배달부는 잘못된 곳에 우편물을 가져다 줄 수 있지만 하나님은 절대 배달 사고를 일으키지 않으신다.

내가 억울하고 섭섭해도 하나님은 정확하게 일어날 일을 일어나게 하신 것이다. 이것을 기억한다면 우리는 올바른 태도로 상황에 반응할 수 있다. 나는 주님의 은혜로 이것을 깨달았다. 그래서 억울할 때 누군가가 물으면 "하나님의 뜻이지요"라고 대답했다. 마음이 편안했기 때문이다.

나는 하나님 편에 속하고 싶었다. 나는 사람들에게 침묵한 채 하나님께 기도했다. 미운 마음 섭섭한 마음이 일어날 때 아내와 함께 무릎을 꿇고 그 사람을 축복했다. 하나님께 감사하며 진심으로 축복했다.

협력하여 선을 이루니 범사에 감사

어느 날 새벽기도 시간에 로마서 8장 28절과 함께 데살로니가전서 5장 18절 말씀이 갑자기 떠오르며 마음에 새겨졌다. "하나님을 사랑하는 자 곧 그의 뜻대로 부르심을 입은 자들에게는 모든 것이 합력하여 선을 이루느니라." "범사에 감사하라 이것이 그리스도 예수 안에서 너희를 향하신 하나님의 뜻이니라."

새벽에 수십 번을 암송했다. 주님께서 내게 이 말씀을 주신 이유가 무엇일까 생각했다. 주님은 이 말씀으로 내 인생을 인도하고 싶으셨다. 어떤 절망에서도 하나님을 믿는 자는 낙심하지 않는다. 합력하여 선을 이룰 것을 믿는다면 두려움과 원망에 빠질 이유가 없다. 합력하여 선을 이룰 것을 안다면 왜 감사하지 못하는가? 결국은 잘될 것이니 당연히 감사할 수 있다.

그래서 로마서 8장 28절과 데살로니가전서 5장 18절은 쌍둥이 구절이라 할 수 있다. 나는 그 때부터 어떤 일을 당할 때면 항상 이 두 구절을 묵상하며 주님께 감사한다.

하루아침에 교회에서 해고를 당했을 때도 이상하게 마음이 편했다. 갈 곳도 없고, 불러주는 곳도 없었지만 마음이 평안해지면서 축복이 나왔다. 새로 오신 담임목사님이 목회를 잘 해서 존경받도록 해 달라고 진심으로 기도했다. 하나님의 말씀은 내가 위기를 당할 때 너무 큰 이정표가 되었다. 말씀대로 순종할 때 평안이 강물처럼 흘러넘치며 기도가 힘을 얻었다. 나는 매일 합력하여 선을 이루시는 주님을 찬송하며 범사에 감사했다.

도리어 복을 빌라

다윗은 자기를 죽이려는 대적들을 선대했다. 사울을 죽일 기회가 두 번이나 있었지만 하나님이 기뻐하지 않는다는 것을 알고 용서한다. 부하들이 이해하지 못했다. 다윗의 행동은 스스로 무덤을 파는 행동이었다. 그러나 하나님이 다윗을 보고 계셨다. 다윗의 마음을 보신 하나님이 다윗을 높여 왕으로 삼으셨다. 다윗을 보시고 '이 사람은 내 마음에 합한 사람'이라는 칭찬을 하셨다.

나도 다윗처럼 하고 싶었다. 다윗처럼 하나님의 마음에 합한 사람이 되고 싶었다. 미움을 그치고 축복을 생산하는 자가 되고 싶었다. 나는 지금도 이 원칙을 지키고 있다. 목회를 방해하거나 비방하는 사람이 있으면 새벽기도 시간에 특별히 많이 축복한다. 솔직히 마음에는 미움이 생기지만 그래도 주님 말씀에 순종하며 축복한다. 자꾸 축복하다 보면 내 마음이 부요해지는 것을 느낀다. 축복하는 동안 주님이 내 마음을 풍성하게 만들어 주신다.

미워하면 응답의 길이 막힌다. 나는 위기를 당할 때마다 사람들과 원망을 주고받는 대신 상대방을 축복하며 하나님께 도움을 구했다. 왜 위기 때마다 무릎을 꿇는가? 하나님의 도우심을 믿기 때문이다.

> "내가 산을 향하여 눈을 들리라 나의 도움이 어디서 올까 나의 도움은 천지를 지으신 여호와에게서로다"
> 시 121:1~2

나는 이 말씀을 의지했다. 도움이 여호와밖에 없다고 생각하면 기도하게 된다.

더 좋은 것으로 주시는 하나님

나는 교회에서 쫓겨났지만 쫓겨났다고 생각하지 않고 주님이 더 좋은 곳을 주시기 위해 일하신다고 믿었다. 그래서 더 열심히 기도했다. 기도원으로 올라가 전심으로 기도했다. 마음에 큰 소원을 품고 믿음으로 기도했다. 나는 일류대학을 나오지 못했다. 박사학위를 가지고 있지도 못하다. 유학파도 아니다. 나는 큰 꿈을 가지고 기도하기에는 적합하지 않았다. 큰 꿈을 가지고 기도했지만 응답받기에는 모든 조건이 불리했다.

그래도 나는 큰 목표를 두고 믿음으로 기도했다. 요즘 담임목사로 가기가 하늘의 별따기보다 어렵다고 해도 나는 믿지 않았다. 나를 위한 목회지는 주님이 따로 준비해 두셨다고 믿었다. 기도원에서 돌아오니 한 교회에서 연락이 왔다. 설교하러 오라고 했다. 다시 기도원으로 올라가 하나님께 기도드렸다. "설교는 사람의 것이 아닙니다. 하나님의 것입니다. 하나님께서 능력을 주셔서 모든 교인이 은혜 받게 하옵소서."

설교하는 날 많은 교인들이 은혜를 받았다. 한 달이 지난 후 교회에서 연락이 왔다. "목사님, 우리 교회에서 목사님을 담임목사님으로 청빙하기로 결정하였습니다." 모두

150명의 목사님이 지원을 했는데 최종적으로 내가 뽑혔다. 나는 교회가 어디 있는지도 몰랐고 그 교회가 어떤 교회인지도 몰랐다. 그런데 하나님이 불쌍히 여겨 주신 것이다.

하나님의 응답은 놀랍다. 하나님의 응답은 인간의 생각을 초월한다. 사막에 샘을 내시고, 바다에 길을 여시는 분이 하나님이다. 이런 믿음이 없으면 기도하지 못한다. "150명 목사님들 중에 목사님 설교가 일등으로 뽑혔습니다." 장로님들의 말을 들을 때 기분이 날아갈 것 같았다. 나는 학교에 다니면서도 일등을 해본 적이 없다. 대학교에 다니면서도 장학금이 무엇인지도 몰랐다. 대학 4년, 신대원 3년 동안 학교 재정에 충실히 기여하며 학교를 다녔다.

그런데 쟁쟁한 목사님 150명 중에 설교를 제일 잘하는 목사로 뽑혔다니 가슴이 뭉클했다. 살다보니 일등할 때도 오는구나! 나이와 학력 등 모든 조건이 다 불리했지만 하나님이 기적을 일으켜 주셨다. 원망하지 않고 축복하는 마음을 귀히 보신 것이라고 믿는다. 섬기던 교회와 목사님을 축복하며 기도한 것을 주님이 기억하셨다. 모든 불리한 조건에서 담임목사로 부름 받은 것은 하나님의 기적 같은 응답이다. 그냥 응답이 아니고 기적 같은 응답이다.

기적은 여전히 존재한다. 앉은뱅이가 일어나는 것만 기적이 아니다. 암이 낫는 것만 기적이라고 말하지 마라. 기도한 것보다 더 좋은 것으로 상상치 못할 축복을 주시는 하나님의 응답도 기적이라는 것을 기억하라.

기도하는 자, 절망은 없다

아무리 어려워도 기도하고 있다면 절망하지 마라. 기도는 반드시 응답된다. 농부가 봄에 씨를 심어 가을에 열매를 거두듯이 오늘 기도의 씨앗을 심으면 반드시 추수할 때가 온다. 기도의 무릎을 꿇어라. 억울해 하지 말고, 원망하지 말고 주님만 붙들어라. 사람은 당신을 도울 수 없다. 하나님만 믿어라. 하나님을 붙들고 당신의 사정을 아뢰라. 하나님이 들으시고 응답하신다.

기도는 절대 실패하지 않는다. 바울은 감옥에서 "내게 능력 주시는 자 안에서 내가 모든 것을 할 수 있느니라"(빌 4:13)라고 고백했다. 이렇게 자신만만할 수 있는 이유가 무엇인가? 바울은 기도하는 사람이었기 때문이다. 기도하는 사람은 어려울 때 상황을 보지 않고 하나님을 본다. 눈을 들어 하나님을 바라보라. 하나님은 모든 조건을 뛰어넘는 능력이시다. 당신이 할 일은 약한 마음을 제거하고 주님의 마음을 품는 것이다.

주님의 마음에 주님의 응답이 온다

미움은 기도의 가장 큰 장애물이다. 너무 많은 그리스도인들이 마음에 미움을 씻어내지 못해 응답이 거절되고 있다. 예수님은 마태복음 6장에 기도를 가르치면서 마지막에 용서의 문제를 강조하셨다. 주기도문 뒤에 왜 용서가 나왔는가? 용서가 기도 응답의 마지막이기 때문이다. 기도를 완벽하게 해도 용서가 없으면 기도는 응답되지 않는다는 경고다.

"너희가 사람의 잘못을 용서하면 너희 하늘 아버지께서도 너희 잘못을 용서하시려니와 너희가 사람의 잘못을 용서하지 아니하면 너희 아버지께서도 너희 잘못을 용서하지 아니하시리라" 마 6:14~15

축복이 얼마나 중요한지 알겠는가? 용서의 가장 좋은 길은 축복이다. "당신을 용서합니다." 이것은 인간의 마음이다. "당신을 축복합니다." 이것은 주님의 마음이다. 이웃을 축복하라. 주님의 마음이 당신에게 임한다. 악한 자를 위해 복을 빌 때 주님은 당신의 기도에 귀를 기울이신다. 당신의 기도를 축복으로 채워라. 하나님의 응답이 당신에게 내린다.

chapter 11
하나님, 설교 잘하게 해 주세요

설교 잘하고 싶어요

나는 무엇이든지 현장에서 배워야 진짜 자기 실력이 된다는 소신이 있다. 목사의 설교도 마찬가지다. 설교는 신학교에서 배울 수 없다. 설교학은 배울 수 있지만 설교는 못 배운다. 설교 이론은 배울 수 있지만 설교의 능력은 못 배운다. 설교는 설교자에게 배워야 한다. 은혜로운 설교는 은혜로운 설교를 통해 배우고, 능력 있는 설교는 능력 있는 설교를 통해서 배운다.

나는 설교를 잘하는 목사가 되고 싶었다. 은혜 받은 이후로 설교에 매우 큰 관심을 보였다. 우리나라에서 설교 잘하기로 소문난 목사님들에게 직접 설교를 듣고 싶어 먼 길을 마다 않고 예배에 참석했다. 신학을 공부하면서 신학보다 설교에 관심이 더 많았다. 훌륭한 목사님이 목회하는 교회마다 다니며 1970년대부터 구할 수 있는 대로 테이프를 복사해 달라고 해서 사왔다.

어떤 목사님은 30년치를, 어떤 목사님은 20년치를 구해서 들으면서 설교를 배웠다. 설교 잘하시는 목사님들의 설교집을 모조리 샀다. 수백 권이 되었다. 나는 그것을 읽으면서 그분들처럼 설교하려고 흉내를 얼마나 내었는지 모른다. 그러기를 10년을 했다. 우리 집에 설교 테이프가 수천 개가 쌓였다. 어떤 테이프는 두 번씩 들은 것도 많았다. 내 서재에는 책이 3천 권 정도 있는데 그 중에 반이 설교집이다. 그 중에 두 번씩 읽은 것도 많다. 나는 설교를 잘하고 싶었다.

한번은 친구 목사가 "어떻게 하면 설교를 잘할 수 있느냐"고 물었다. 나는 서슴없이 "설교를 잘하려면 설교 잘하는 목사님의 설교집과 테이프를 모조리 통달하라"고 했다. 알았다고 하더니 한 달 후에 전화가 왔다. "목사님은 설교집이 재미있나요?" 나는 설교를 듣고 설교를 읽을 때마다 은혜를 받는다고 했다. 친구 목사님 대답이 자기는 아무리 읽어도 설교가 재미가 없다고 했다. 남의 설교를 왜 읽는지 이해가 안 간다고 했다. 나는 속으로 목사님에게는 설교의 은사가 없는 것이라고 말했다.

가수는 남의 노래를 즐겨 들어야 한다. 물론 노래 부르는 것을 좋아해야 한다. 이것이 싫으면 가수 못한다. 바둑을 두는 사람은 자기보다 바둑을 잘 두는 사람에게 바둑을 배운다. 배우기 싫어하면 실력이 늘지 않는다. 설교도 배워야 한다. 그러나 학교에서 배우는 것으로는 안 된다. 설교는 학문이 아니다.

설교는 생명이다. 설교에 생명이 살아 있어야 한다. 설교는 능력이다. 설교에 변화시키고, 회복시키고, 치유하는 능력이 들어 있어야 한다. 이것이 없으면 죽은 설교다. 오늘날 죽은 설교가 난무하고 있다. 죽은 설교로는 한 사람도 구원하지 못한다.

살아 있는 설교를 위해

설교가 생명과 능력을 가지려면 어떻게 해야 하는가? 설교에 기름 부음이 임해야 한다. 성령님이 설교에 임할 때 설교가 살아난다. 설교에 능력이 임한다. 기름 부음은 이론이 아니다. 성령님은 성령론이 아니다. 성령님은 인격이다. 인격을 어떻게 논리로 배우는가?

우리는 성령님을 알기 위해 성령론을 배웠다. 그러나 인격은 만나야 한다. 인격은 경험해야 한다. 만일 당신이 나를 알기 위해 나에 대한 보고서를 만들어 읽었다고 하자. 그것이 나를 아는 방법인가? 그렇게 아는 지식은 나의 껍데기에 불과하다. 진짜 나를 알려면 나를 만나 사귀어야 한다. 진지하고 깊이 사귈수록 나에 대해 더 많이 알게 된다.

성령님도 사귀어야 한다. 진지하고 깊이 사귈수록 성령님을 더 잘 알 수 있다. 성령님은 배우는 것이 아니고 경험하는 것이다. 우리의 신앙생활이 무능해진 이유가 어디에 있는가? 인격이신 성령님을 지식으로 배웠기 때문이다. 다시 성령님을 경험해야 한다. 설교가 살아나려면 설교자가 성령체험을 해야 한다. 이것은 체험이다. 내가 성령님을 직접 만나는 사건을 말한다.

어떤 목사님이 있었는데 너무 설교를 못해서 교회에서 나가라고 했다. 목사님은 일주일만 시간을 달라고 하고는 산에 올라가 주님께 기도했다. 금식하며 살려 달라고 기도했다. 기도하다가 성령체험을 했다. 목사님에게 불이 임했다. 주일날 강단에서 설교를 하는데 입에서 불이 나오는 것 같았다.

성도들이 깜짝 놀랐다. 목사님에게서 한 번도 저런 설

교를 들어보지 못했다. 설교에 은혜가 넘쳤다. 모든 성도들이 은혜를 받았다. 장로님들이 목사님을 찾아와서 나가란 말 취소할 테니 계속 교회에서 설교를 해 달라고 부탁을 했다고 한다.

이걸 어떻게 이론으로 설명하겠는가? 로이드 존스가 설교를 기가 막히게 정의했다. "설교는 불붙는 논리다." 불이 없으면 논리가 아무리 치밀해도 죽은 설교가 된다. 내가 왜 논리를 논하지 않고 자꾸 불을 논하는지 아는가? 이 시대는 논리가 대세를 이루는 시대기 때문이다. 불 없는 논리가 강단을 가득 채우고 있는 시대다.

불을 가져오는 유일한 길은 기도하는 것이다. 기도 없이는 불이 내리지 않는다. 초대 교회는 120명의 제자들이 오순절이 되기까지 전심으로 기도했다고 했다. 기도에 모든 시간과 에너지를 투자했다는 뜻이다. 그리고 성령체험을 했다. 성경은 그들 위에 불 같은 것이 내렸다고 했다. 불은 태우고 바꿔버린다. 제자들은 불을 받고 새사람이 되었다. 그날로 능력 있는 증인으로 거듭났다.

폭발적인 부흥

내가 사역을 시작하면서 처음 맡은 부서가 초등부였다.

장년 교인이 200명 정도 되는 교회인데 초등부 첫 예배를 드리는데 아이들이 16명 출석했다. 나는 열심히 기도하며 설교 준비에 최선을 다했다. 한 주씩 지나자 아이들이 늘어났다. 부서가 살아나기 시작했다. 한 명씩 두 명씩 계속 성장을 했다. 급기야 6개월 만에 100명이 되어 버렸다. 교회의 모든 성장이 정체된 상태에서 초등부만 특별한 성장을 했다.

나는 그 이유를 세 가지로 꼽는다. 첫째는 설교다. 설교를 하고나면 교사들이 은혜를 받았다. 교사회의 시간에 교사들이 은혜를 받았다고 간증했다. 교사들이 살아났다. 교사들이 열심을 내기 시작하니 주일학생이 늘어났다.

둘째, 교사들이 은혜를 받으니 전도에 동참했다. 매주 한 주일도 빠뜨리지 않고 토요일 학교 앞에 전도를 나갔다. 이름과 전화번호를 적어 와서 주일 아침에 일찍 전화를 했다. 틀린 번호도 많았지만 전도를 받고 예배에 참석하는 아이들도 많았다. 예배 인원이 점점 늘어났다.

셋째는 기도였다. 나는 매일 한 시간씩 기도를 드렸다. 하나님이 기도에 응답하시고 설교에 은혜를 주셨다. 아이들도 은혜를 받아야 한다. 나는 어린이 설교를 하면서 융판도, 파워포인트도 사용하지 않았다. '믿음은 들음에서 난다' 는 로마서 10장 17절 말씀을 그대로 믿었다. 듣기만

해도 충분했다. 나는 일주일 동안 열심히 준비한 설교를 최선을 다해 선포했다. 아이들은 설교를 들으면서 은혜를 받았다. 어린이들도 은혜를 받을 수 있다는 것을 그때 경험했다.

제자들은 기도했다

성령님은 모든 세대를 관통한다. 아이들 설교가 따로 있고 어른 설교가 따로 있지 않다. 물론 세대에 따라서 조절을 하지만 복음은 모든 세대에 적용된다. 어린이들이라고 해서 복음의 수준을 낮추지 마라. 기도하고 믿음으로 선포할 때 성령님이 역사하신다. 우리는 성령님을 의지하기보다 기술을 너무 의지한다.

아이들도 은혜를 받아야 영혼이 산다. 아이들의 영혼도 어른의 영혼과 다르지 않다. 은혜를 받으면 아이들도 열심을 내고 전도를 한다. 은혜가 어디서 오는가? 은혜는 성령님이 주신다. 성령님이 임하실 때 은혜가 임한다. 성령님이 전부다. 오직 성령 충만을 받으라고 바울이 권면했다. 오직 성령으로 충만해지면 권능이 임하고 영혼 구원의 역사가 일어난다.

성령의 능력을 어떻게 받는가? 기도뿐이다. 예수님은

제자들에게 예루살렘을 떠나지 말고 기도하라고 했다. 제자들은 기도하다가 성령 받았다. 우리도 기도해야 한다. 무능한 신앙을 벗어나는 길은 기도 외에는 없다. 기도하지 않는 자에게 성령이 내린 적은 단 한 번도 없다. 진지하게 주님께 기도하는 자에게 주님은 예외 없이 성령을 부어주셨다.

나는 설교를 잘하고 싶어 국내에 있는 목사님들의 설교 테이프와 설교집을 모조리 습득했다. 그러나 그것으로 부족하다. 그 위에 기름 부음이 있어야 한다. 성령님의 신령한 임재가 있을 때 설교는 비로소 생명과 능력을 갖춘다. 설교에 성령의 기름 부음이 임할 때 설교는 현실이 된다.

교인들에게 가끔 편지를 받는다. 은혜 받았다는 감사 편지다. 우리 교회는 일 년에 두 번 어노인팅 집회를 하는데 전교인이 참석한다. 그 시간에 성령님이 비와 같이 임하고 놀라운 은혜의 간증들이 쏟아진다. 성령 안에 하나가 되는 축복의 시간이다. 특히 집회를 마치고 은혜를 간증하는 편지를 많이 받는다. 어노인팅 집회에 참석한 고등학생이 보낸 편지 하나를 소개한다. 고등학생은 은혜 받기 어렵다. 고등학생이 은혜를 받았다면 누구나 은혜를 받았다고 믿어도 된다. 특별히 고등학생의 편지를 소개하는 이유가 여기에 있다.

목사님, 안녕하세요.

고등부의 이혜원입니다. 지금 3차 어노인팅 컨퍼런스를 마치고 집으로 와서 바로 펜을 잡습니다. 정말로 어떻게 해야 할지 모르겠어요. 이... 이... 주체 못할 마음의 벅참, 이번 집회는 신앙의 한계를 한 단계 아니 몇 단계씩 뛰어넘은 것 같아요. 이틀에 걸쳐서 은혜에 풍덩 빠진 것 같았습니다...! 말씀에 은혜 많이 받았어요.

항상 목사님을 위해 기도하겠습니다. 마지막 날 (오늘) 목사님이 축도까지 마치고 나가실 때 제 머리에 손을 얹어 주시면서 축복한다고 말씀해 주셨을 때 제게는 하나님이 말씀해 주시듯 음성이 들리는 것 같았어요. 아니, 하나님의 말씀으로 들렸습니다. 너무너무 감동되어 펑펑 울었습니다. 실은 이 말씀을 꼭 전해드리고 싶고, 감사의 뜻을 전하고 싶어서 이렇게 편지로나마 전해드려요.

목사님 사랑해요! God bless you!!

-제3차 어노인팅 컨퍼런스가 끝난 뒤-

이혜원 올림

설교를 기도의 불로 익혀라

설교는 성경 해석만으로는 되지 않는다. 설교에 성경 해석이 분명히 있어야 하지만 그것만으로는 아직 설교가 아니다. 설교가 살아 있으려면 기름 부음이 있어야 한다. 어떻게 기름 부음을 받는가? 기도 외에 다른 길이 없다. 기도의 무릎을 꿇을 때 설교에 기름 부음이 임한다.

스펄전은 '당신의 설교를 기도의 불로 익혀라' 라고 했다. 기도의 불로 잘 익힌 설교를 성도들에게 먹일 때 성도들은 은혜를 받는다. 설교를 통해 은혜를 받은 성도는 이 땅에서 천국을 산다. 환경이 아무리 험해도 성도들이 설교에 은혜를 입으면 넉넉히 이긴다. 은혜가 임하는 그 자리가 천국이다. 성도들에게 천국을 가져다주는 설교자가 되라. 기도의 무릎으로 당신 안에 먼저 천국이 임하게 하라.

chapter 12
기도에 전부를 걸다

생사를 건 기도

담임목사로 부임한 초기에 너무 어려웠다. 가로수도 묘목장에서 옮겨 심어 놓으면 죽을 고생을 해서 생명을 키워나간다고 하던데 내게는 첫해가 그랬다. 모든 것이 불안했다. 내가 오는 것을 달갑지 않게 여겼던 교인들이 찬바람이 불 만큼 쌀쌀하게 대했다. 뭔가 트집만 잡히면 가만두지 않겠다는 표정이었다.

장로님들도 젊은 목사가 어떻게 하나 한번 두고 보자는 자세였다. 내가 부임했을 때는 담임목사가 6개월 정도 공석이었고 부목사가 목양사역을 감당하고 있었는데 공교

롭게도 부목사 둘의 나이가 모두 나보다 많았고 신학교도 선배였다. 사역하는 동안 불협화음이 생겼다. 질서가 잡히지 않으니 사역이 자꾸 꼬였다.

어느 수요일 설교 시간에 하면 안 되는 말을 했다. "내 소원이 무엇인지 압니까? 빨리 이 교회를 나가는 것입니다. 요즘은 사는 것이 죽을 맛입니다. 여러분, 빨리 나갈 수 있도록 기도해 주십시오." 말 하나 틀리지 않고 이렇게 설교했다. 기가 막혔다. 그래도 마음으로 얼마나 답답하면 저렇게 말하겠나 생각하며 꿀꺽 삼켰다.

그런데 2주 후 수요일 날 다시 설교를 하면서 똑같은 말을 반복했다. "내 소원이 무엇인지 압니까? 빨리 이 교회를 나가는 것입니다. 하루하루가 죽을 맛입니다. 여러분, 빨리 교회를 나가도록 기도해 주십시오." 나는 여기까지라고 선을 그었다. 불러 놓고 해고를 통보했다. 몇몇 교인들이 노골적으로 나를 대적했다.

나는 묵묵히 기도만 했다. 우리 교회는 감사하게도 개인 기도실을 만들어 놓아서 언제든지 기도할 수 있도록 해 놓았다. 나는 그곳에 들어가서 하루 종일 무릎을 꿇었다. "하나님, 통치해 주옵소서." "하나님이 성도들의 마음을 다스려 주옵소서." 나는 지하 기도실에서 그냥 무릎을 꿇고 울었다. 매일 눈물이 그치지 않았다. 사방이 메마른 광야에 홀로 버려진 것 같았다. 의지할 이는 하나님밖에 없었다.

기도의 눈물이 은혜의 강을 만들고

부임하면서 교회 표어를 '기도에 전념하는 교회'라고 정했다. 실천목표가 '3.1기도 운동'이었다. 담임목사는 하루 세 시간 교인들은 하루 한 시간 기도하자는 결심이었다. 나는 3시간이 아니라 훨씬 많이 기도했다. 하루 다섯 시간 여섯 시간씩 기도했다. 기도하고 말씀 준비하고, 기도하고 말씀 준비하고...이렇게 일 년을 보냈다.

부임 초기 일 년 동안은 교회를 떠나 어디로 가 본 적이 없었던 것 같다. 기도는 놀라운 능력이 있었다. 교인들의 표정이 부드러워졌다. 교회가 성장하기 시작했다. 대단한 일이었다. 우리 교회 역사를 알면 이것이 얼마나 대단한 일인지 알게 될 것이다. 우리 교회는 지난 십년 동안 수백 명이 빠져나간 쇠퇴하던 교회였다. 지독하게 싸우던 교회였다.

이런 교회가 어떻게 되겠는가? 안 돼야 정상이다. 교회성장학에서는 쇠퇴하는 교회가 성장하는 것은 개척 성장보다 다섯 배나 더 어렵다고 했다. 우리 교회는 안 되는 교회의 모델이었다. 이런 교회에 다니는 교인들이 불쌍했다. 성도는 은혜를 받아야 사는데 있는 교인도 은혜 없다고 도망을 갔으니 남아 있는 저들의 영혼은 얼마나 황폐하겠는가? 나는 더 열심히 설교를 준비했다. 매주 새 신자가 끊이지 않고 등록을 했다.

7월이 되었다. 주님께 기도하던 중 기름 부음 집회를 하라는 감동을 받았다. '어노인팅 컨퍼런스'라는 집회를 기획했다. 성도들이 예배당 가득 참석했다. 엄청난 기름 부음이 임했다. 치유와 회복과 은혜의 간증들이 쏟아져 나왔다. 이것이 우리 교회에 전환점이 되었다. 성도들의 표정이 확 변했다. 교인들이 나가서 전도를 했다. 교회가 자꾸 성장했다. 새 신자가 날마다 더했다.

지난 십 년 동안 수백 명이 줄었던 교회가 1년 만에 수백 명이 등록하는 기적이 일어났다. 일 년 만에 거의 배가 성장을 이루었다. 하나님은 기도를 잊지 않으신다. 위태한 사역 때문에 주님의 도움을 구했는데 하나님은 감당치 못할 복으로 채워 주셨다. 누가 기도를 무능한 행동이라고 말하는가?

기도보다 현실적인 것은 없다. 기도만큼 위대한 능력을 가진 무기는 없다. 성도가 기도하면 세상이 뒤집어진다. 내 말을 듣고 웃는 사람은 기도하지 않는 사람이다. 아니

기도해 본 적이 없는 사람이다. 진지한 기도를 한 번이라도 해 보았다면 기도를 무시하지 못한다. 기도는 반드시 응답된다.

나는 성도들에게 "우리 교회가 지역에 복음의 통로가 되고 나라와 민족에 복음의 등불이 되고 우리 교회가 세계 선교의 터전이 되자"고 외친다. 큰 교회에 기죽을 필요가 없다. 우리 교회가 지난 한 해 동안 이룬 일은 대형교회도 하지 못할 일이었다. 한국 교회가 살아나려면 중소형 교회가 살아나야 한다. 대형교회는 마지막 종착역이다.

개척교회가 전도하면, 중소형 교회로 옮겨가고 결국 그 사람들이 대형교회에 가서 안주를 한다. 대형교회는 본의가 아니더라도 어쩔 수 없이 중소형 교회에 피해를 끼친다. 대형교회는 더 낮아져야 한다. 중소형 교회를 섬기는 자리에 내려와야 한다. 한국 교회의 희망은 대형교회에 있지 않다. 중소형교회가 성장할 때 나라와 민족을 복음화할 수 있다.

2010년 12월에 하나님께서 중소형 교회를 섬기라는 마음을 주셔서 '중소형 교회 목회자 초청 무료 교회성장 세미나'를 개최했다. 교안을 직접 만들어서 나누어주고 아침부터 저녁까지 하루 종일 모든 강의를 직접 했다. 목사님들이 너무 진지하게 들었다. 마지막 강의를 마치고 통성기도를 하는데 얼마나 간절히 기도하는지 마음이 뭉클했다.

'저분들이 저렇게 목회의 소원이 간절하구나' 하고 느꼈다. 세미나에 참석한 여러 목사님들이 강의 테이프를 요청해서 무료로 모두 발송을 해 드렸다. 조금이라도 섬기고 싶어서 그렇게 했다. 목회는 전쟁이다. 피 흘리며 목회하는 목사님들에게 조금이나마 도움이 되고 싶었다. 일 년에 두 번 상반기와 하반기로 나누어 중소형 교회 목사님들을 무료로 섬기게 해 달라고 기도하고 있다. 하나님이 지속적인 기회를 주실 줄 믿는다.

기도는 절망을 모른다

교회 성장의 시대는 지나갔다는 말을 믿지 마라. 교회가 급격하게 줄고 있다고 한다. 줄어드는 것은 사실이지만 낙심할 필요가 없다. 너무 절망적으로만 보지 마라. 에스겔 골짜기에 말라비틀어진 뼈도 살리시는 주님이 아니신가? 우리 교회를 보라. 지난 10년간 죽어가던 교회였다. 희망도 없고 비전도 없었다. 성도들의 영혼은 말라비틀어졌다. 목회자에 대한 존경보다는 불신이 앞섰다.

주님만 의지하라. 하나님께 맡기고 기도의 줄을 붙잡으

라. 나는 오직 주님만 붙잡았다. 교회에 대해 사람 붙들고 한마디 말도 해 본 적이 없다. 주님만 믿었다. 주님만 붙들고 기도의 무릎을 꿇었다. 하나님이 기도를 들으셨다.

성도들의 영혼이 소생하고 사람들이 몰려왔다. 일 년 만에 수백 명이 교회에 등록했다. 우리 교인은 민족 복음화에 기여하는 교회라는 자부심을 가지고 있다. 작은 교회라고 기죽지 마라. 기도하는 교회는 결코 작지 않다. 기도하는 교회는 하나님을 움직이는 위대한 교회다.

나는 새벽기도 후에 3시간 정도 기도한다. 반 정도는 방언 기도를 하고, 반 정도는 우리말로 기도한다. 내가 둘을 섞어서 하는 것은 기도 생활의 균형을 위해서다. 낮에도 1~2시간 기도를 한다. 하루 아무리 적어도 3시간 기도하고 많을 때는 다섯 시간 이상 기도한다.

모든 시간이 다 중요하지만 목회를 하면서 느끼는 것은 새벽 시간의 중요성이다. 새벽에 기도하지 않으면 기도할 시간이 없다. 새벽에 충분히 기도하지 않으면 하루 종일 사역에 쫓겨 기도 시간을 잃어버린다. 목사님들은 새벽 시간을 사수해야 한다. 나는 주일을 제외하고는 일주일 내내 새벽기도를 직접 인도한다. 설교 목적이 아니라 기도 때문이다. 새벽기도를 하고 강단에 무릎을 꿇을 때 끈기 있는 기도를 할 수 있다.

연어는 자기가 태어난 곳을 찾아와서 새끼를 낳듯이 목사는 늘 기도하는 강단이 기도의 자리다. 그 자리를 사수하라. 기도의 자리를 부교역자들에게 내주지 마라. 새벽기도를 부교역자들에게 맡긴다는 것은 기도를 포기하는 것이다. 새벽기도를 직접 인도하고 예배 후에 충분히 기도하라. 그러면 교회는 반드시 성장한다.

오천만 완전 복음화의 꿈

루터는 매일 새벽 두 시간을 기도했고, 웨슬리도 새벽 4시에 일어나서 매일 두 시간을 기도했다. 미국 2차 대각성 운동에 쓰임 받았던 찰스 피니는 새벽 4시에 일어나 매일 4시간씩을 기도했다고 한다. 조나단 에드워즈의 명 설교 '진노하신 하나님의 손에 잡힌 죄인들'이라는 설교는 자기 교회에서 실패한 설교였다. 다른 교회 설교 부탁을 받고 에드워즈는 그 설교를 다시 하기로 하고 밤을 새워 기도했다. 그리고 설교에 불이 떨어지고 대각성이 시작됐다.

그리스도인 형제, 자매들이여, 기도를 믿어라. 기도는 결코 실패하지 않는다. 만일 우리가 모임에 덜 다니고, 바쁜 일상을 조금 줄이고 기도에 더 투자할 수 있다면 우리의 사역은 훨씬 충만해질 것이다. 모든 목사가 하루 3시간씩만 기도한다면 민족 복음화는 5년 내에 이루어질 것이다.

우리나라가 5만 교회니까 한 교회가 일 년에 회심 신자를 200명씩만 얻는다면 5년 안에 우리나라는 완전 복음화가 이루어진다. 불가능한 계산이 아니다. 우리 교회는 작년에 그렇게 했다. 우리 교회가 했다면 다른 교회도 얼마든지 할 수 있다. 큰 교회는 큰 교회대로, 작은 교회는 작은 교회대로 사명을 감당할 때 민족 복음화는 이루어진다.

'기도할 수 있는데 왜 걱정하십니까'로 시작하는 복음송이 있다. 왜 걱정하는가? 기도하지 않기 때문에 걱정하는 것이다. 기도하면 믿음이 생긴다. 기도하지 않을 때 걱정이 밀려온다. 당신은 기도를 믿는가? 기도하면서 당신의 걱정을 하나님께 맡기고 있는가?

그렇다면 한국 교회를 향한 이 절망의 소리들은 무엇인가? 왜 이 많은 걱정과 탄식 속에서 기도하자는 말을 발견할 수 없는가? 왜 절망에 빠르고 비판에 날카로운 자들이 기도의 자리에는 나가지 않는가? 그것이 정말 교회를 사랑하는 마음인가? 나는 그 절망을 믿지 않는다.

나는 교회를 비하하는 자들의 비판에 동참하고 싶은 마음이 추호도 없다. 나는 차라리 기도하겠다. 하나님께 나가 우리 교회를 내어놓고 예수님처럼 기도하겠다. 이 땅의 교회를 다시 살리시고 민족 복음의 등불이 되게 해 달라고 간구하겠다. 주님께서 내게 맡겨주신 교회를 위해 더 기도하겠다.

민족의 모든 교회를 책임 질 수는 없다. 그러나 내게 맡겨준 교회는 책임 질 수 있다. 책임 질 수 없는 것을 비판하지 말고 책임 질 수 있는 곳에서 사명을 감당하라. 기도에 소망을 걸어라. 인간의 모든 방법은 실패해도 기도는 실패하지 않는다. 나는 오늘도 주님께 무릎을 꿇는다. 우리 교회가 나라와 민족 교회에 희망이 되기를 원한다. 한 해 동안 우리 교회에 내려주신 축복을 하나님께 감사드린다.

주여! 기도의 무릎으로 섬기게 하옵소서.

2부
기도 응답의 법칙

올바른 기도의 길 / 마 6:9~13

기도를 현실로 만드는 법 / 마 11:20~24

기도 응답과 고백 / 막 11:23

기도 응답과 믿음 / 막 11:24

하나님이 일하시는 방식 / 마 13:12

chapter 1

올바른 기도의 길 / 마 6:9~13

하나님이 자기 백성에게 주신 가장 큰 선물이 기도다. 모든 하나님의 백성은 기도를 통해서 축복을 받는다. 기도는 응답 받기 위해 드린다. 기도했으면 반드시 응답을 받아야 한다. 응답 없는 기도는 잘못된 기도다. 응답이 없다면 기도를 점검해봐야 한다. 잘못된 기도를 고친 후 응답 받는 기도를 드려야 한다.

기도는 무턱대고 나오는 대로 말하는 것이 아니다. 기도에는 방법과 절차가 있다. 왕 앞에 나가서 되는 대로 말을 하지 않는다. 만왕의 왕 되신 하나님 앞에 기도할 때도 되는 대로 말하면 안 된다. 예수님은 너희가 기도할 때 이렇게 기도하라고 가르쳐주셨다. 이 기도를 주기도문이라고 부른다. 주기도문에는 기도의 우선순위와 내용이 고스란히 들어 있다. 주님이 가르쳐 주신 기도를 배우면 누구든지 응답받는 기도를 드릴 수 있다.

첫째, 기도할 때 하나님의 이름을 먼저 찬송하고 감사해야 한다.

"그러므로 너희는 이렇게 기도하라 하늘에 계신 우리 아버지여 이름이 거룩히 여김을 받으시오며" 9절

하나님은 항상 먼저 높임을 받아야 한다. 우리의 기도 제목이 아무리 급해도 주님보다 앞서면 안 된다. 하나님을 무시하고 내 기도만 중요하게 여기면 하나님은 응답하지 않으신다. 당신이 하나님을 먼저 높이고, 먼저 감사할 때 하나님이 당신의 기도를 응답해 주신다.

"너희는 먼저 그의 나라와 그의 의를 구하라 그리하면 이 모든 것을 너희에게 더하시리라" 마 6:33

이 원리는 기도에 그대로 적용된다.

올바른 기도의 길 / 마 6:9-13

1. 천지와 만물을 지으신 하나님을 높이며 찬송해야 한다.

"하늘과 하늘의 하늘과 해와 달과 별들을 지으신 하나님을 찬송합니다. 우주와 그 가운데 모든 것들을 창조하신 창조주 하나님을 찬송하며 높여 드립니다. 우주의 통치자 되시고, 원수 마귀를 깨뜨리고 승리자 되시는 하나님을 찬송합니다. 산천초목이 하나님의 위대하심을 찬송하며 따뜻한 햇살과 불어오는 바람과 대지를 적시는 비 한 방울 한 방울이 모두 하나님을 찬송합니다."

2. 당신에게 베풀어 주신 하나님의 은총을 찬송해야 한다.

"우리 인생에게 베푸신 긍휼과 자비를 인하여 하나님을 찬송합니다. 우리가 죄인 되었을 때 예수님을 보내주시고 영원한 생명을 주신 하나님을 찬송합니다. 오늘도 성령으로 인도해 주시고 주님 뜻 안에서 살게 하시니 주님을 찬송합니다. 호흡이 있는 자마다 여호와를 찬송하라고 했는데 내 입술이 주님을 찬송하며 주님의 행하신 일들을 인하여 주님께 영광을 돌립니다.

3. 하나님의 이름을 부르며 찬송해야 한다.

성경에는 모두 여덟 가지 하나님의 이름이 나온다. 여덟 가지 하나님의 이름에는 하나님의 속성이 담겨 있다. 이름을 부르면서 하나님을 찬송할 때 하나님은 영광 받으신다. "아버지여, 이름이 거룩히 여김을 받으시오며"라고 했으니 이름을 부르며 감사할 때 하나님은 지극히 높임을 받으시게 된다.

1) '여호와 이레' (창 22:14) 예비하시는 하나님이다
2) '여호와 닛시' (출 17:15) 승리의 깃발 되신 하나님이다.
3) '여호와 샬롬' (삿 6:24) 평강의 하나님이다.
4) '여호와 치드케누' (렘 23:6) 의가 되신 하나님이다.
5) '여호와 마카데쉬' (레 20:8) 거룩하신 하나님이다.
6) '여호와 라파' (출 15:26) 치료자 하나님이다.
7) '여호와 로이' (시 23:1) 목자가 되신 하나님이다.
8) '여호와 삼마' (겔 48:35) 성읍이신 하나님이다.

둘째, 하나님의 나라가 임하도록 기도해야 한다.

"나라가 임하시오며 뜻이 하늘에서 이루어진 것같이 땅에서도 이루어지이다" 10절

'나라가 임하시오며' 라는 기도는 하나님의 통치가 이

땅에 임하여 달라는 기도다. '뜻이 이루어지게 해 달라'는 기도는 영혼 구원을 위한 기도다. 이것은 구별되어 있지만 실상은 동일한 기도다. "내 아버지의 뜻은 아들을 보고 믿는 자마다 영생을 얻는 이것이니 마지막 날에 내가 이를 다시 살리리라"(요 6:40). 하나님의 뜻은 이 땅의 모든 사람이 구원을 얻고 하나님의 통치 아래 사는 것이다.

내 기도만 계속 한다고 기도 응답 받는 것이 아니다. 하나님의 나라를 먼저 구할 때 하나님이 우리의 기도를 들어주신다. 가족과 이웃과 나라와 민족 복음화를 위해서 우리는 먼저 기도해야 한다. 믿지 않는 가족을 위해서 날마다 기도해야 한다. 친척과 이웃을 위해서 기도해야 한다.

나라와 민족을 위해서 기도하되 북한 땅을 위해서 쉬지 않고 기도해야 한다. 중국과 인도와 모슬렘과 아프리카와 일본과 동남아시아, 몽골 땅을 위해서 기도해야 한다. 세계 모든 족속에게 복음이 전파되고 하나님의 나라가 임하도록 기도해야 한다. 우리는 우리 기도를 하기 전에 하나님의 소원을 위해 기도해야 한다.

"주라 그리하면 너희에게 줄 것이니 후히 되어 누르고 흔들어 넘치도록 하여 너희에게 안겨 주리라 너

희가 헤아리는 그 헤아림으로 너희도 헤아림을 도로 받을 것이니라" 눅 6:38

우리가 하나님의 이름을 먼저 찬송하고, 하나님 나라를 위해 먼저 기도할 때 하나님이 우리의 기도를 기쁘게 응답해 주신다. 우리의 기도가 나라와 민족과, 세계 모든 족속으로 지경이 넓어질 때 응답의 지경이 넓어진다.

깊이 파려면 넓게 파라는 말이 있다. 처음부터 삽 하나 들어갈 구멍을 파면 1미터도 들어가지 못한다. 그러나 넓게 시작하면 충분히 깊이 들어갈 수 있다. 하나님과 깊은 영적 교제를 나누려면 주님이 가르쳐준 기도의 원리에 따라야 한다. 깊이 파들어가면 보화가 나오듯, 깊은 기도는 하나님과 깊은 교제를 가능하게 한다.

셋째, 일용할 양식을 위해서 기도해야 한다.

"오늘 우리에게 일용할 양식을 주시옵고" 11절

일용할 양식을 구하는 기도는 분수에 맞는 기도다. 일용할 양식을 구하는 것은 정욕을 막아 준다. 분수를 뛰어넘어 탐욕으로 구하는 기도는 정욕으로 구하는 기도다.

> "너희가 구하여도 받지 못함은 정욕으로 쓰려고 잘못 구하기 때문이라" 약 4:3

당신은 기도할 때 분수에 맞게 기도해야 한다. 원대한 비전을 가지고 기도할 수 있다. 그러나 통째로 그것만 기도하면 그 기도는 허공의 뜬 구름을 잡는 기도다. 원대한 비전을 가지고 기도하더라도 그 기도를 잘게 쪼개어야 한다. 당신이 오늘 할 수 있는 일을 구체적으로 내어놓고 하나님께 도움을 구하라.

일용할 양식을 구하는 기도는 당신이 모든 필요를 구하는 기도다. 먹고 입고 생활하는 데 필요한 모든 것을 주님께 구하는 것이다. 매일의 건강을 구하는 것도 포함된다. 직장생활을 지혜롭게 감당하고 학생은 학교생활을 잘 하도록 구하는 것도 포함된다. 하루의 일과를 하나씩 주님께 내어놓고 도움을 구하는 기도가 일용할 양식을 구하는 기도다.

하나님은 우리 발걸음을 세밀하게 인도하시는 분이다. 우리가 일용할 양식을 위해서 기도할 때 하나님의 공급을 경험할 수 있다. 일용할 양식을 구하는 기도는 삶의 구체적인 자리에서 주님의 인도를 구하는 기도다.

넷째, 용서를 위해 기도해야 한다.

"우리가 우리에게 죄 지은 자를 사하여 준 것같이 우리 죄를 사하여 주시옵고" 12절

'우리가 우리에게 죄 지은 자를 사하여 준 것같이'라고 했다. 그리고 난 후에 '우리의 죄를 사하여 주옵소서'라고 기도해야 한다. 순서를 지켜야 한다. 이기적인 마음은 주님이 제일 싫어하신다. 자기 행동은 보지 못하고 다른 사람의 행동만 비난하는 마음으로는 응답을 받지 못한다. 자기 행동을 돌아보고 먼저 용서할 때 하늘 문이 열린다.

"나는 저희가 병들었을 때에 굵은 베옷을 입으며 금식하여 내 영혼을 괴롭게 하였더니 내 기도가 내 품으로 돌아왔도다" 시 35:13

하나님이 다윗을 기뻐하신 이유는 그가 용서할 줄 아는 사람이었기 때문이다. 더 나아가 남에게 끼친 조그마한 악을 두고 하나님께 회개할 줄 아는 사람이었기 때문에 하나님은 다윗을 기뻐하셨다. 사울에게 행한 조그마한 일을 두고도 마음이 아파서 주님께 회개하는 다윗의 모습을

성경에서 볼 수 있다.

용서하는 마음은 주님의 마음이다. 다윗은 사울을 용서했다. 다윗에게는 주님의 마음이 있었다. 하나님은 다윗의 기도를 응답해 주셨다. 원수의 목전에서 상을 차려 주시고 소원을 이루어 주셨다.

다섯째, 영적인 보호를 위해서 기도해야 한다.

> "우리를 시험에 들게 하지 마시옵고 다만 악에서 구하시옵소서" 13절

시험은 사탄이 던지는 미끼고, 악은 사탄의 직접적인 공격을 말한다. 당신은 기도할 때 영적인 보호를 위해 기도해야 한다. 영적인 자만은 곧 실패다. 아무도 자만할 수 없다. 베드로는 자기 믿음을 자만하다가 넘어졌다. 예수님이 깨어 기도하라고 했지만 베드로는 대수롭지 않게 여기고 잠을 잤다. 빌라도의 뜰에서 예수님을 세 번 부인하는 엄청난 죄를 지었다.

> "그런즉 선 줄로 생각하는 자는 넘어질까 조심하라" 고전 10:12

성도는 내 힘으로 할 수 있다고 말하면 안 된다. 그런 마음을 가지는 즉시 사탄의 표적이 된다. 성도는 항상 무슨 일을 하든지, 무슨 말을 하든지 주님만 의지해야 한다.

사람들은 주님의 뜻을 찾으며 기도한다. "무엇이 주님의 뜻입니까?"라고 묻는다. 가장 정확한 대답은 이것이다. "일을 계획하면서 더 열심히 기도하게 된다면 그것은 주님이 허락하신 일이다. 그러나 일에 들떠 기도를 게을리하게 만드는 것은 주님이 주신 일이 아니다."

당신이 일에 사로잡혀서 기도의 자리를 떠난다면 육체로부터 온 일이라고 결론 내려도 된다. 생각으로는 어려울 것 같지만 자꾸 기도의 무릎을 간절하게 꿇게 되면 그 일에 하나님이 역사하고 있다는 증거다. 이것을 잘 분별해야 한다. 기도의 무릎이 앞선 일은 실패하지 않는다. 막히는 것 같아도 하나님이 신기하게 길을 열어 주시고 형통하게 해 주신다. 성도는 잔꾀로 살지 않고 기도의 능력으로 살아간다.

기도할 때마다 항상 예수님의 보혈로 자신과 자녀들과 가정을 덮어야 한다. "예수님의 보혈로 저를 덮어 주옵소서." "아내와 자녀들을 덮어주옵소서." 예수님의 보혈이 있는 곳에 악한 사탄은 역사하지 못한다. 하나님의 말씀을 유일한 기준으로 삼고 순종하라. 말씀을 순종하면 마귀에게 속지 않는다.

마귀의 말에 속은 아담은 하나님의 말씀을 순종하지 않았다. 가장 안전한 길은 말씀의 길이다. 말씀의 길을 따를 때 시험을 이긴다. 말씀의 길을 따를 때 사탄의 공격에서 보호를 받는다. 당신이 기도할 때마다 예수님의 보혈로 덮고 말씀을 주장해야 한다. 이것이 시험과 악을 이기는 최선의 길이다.

여섯째, 오직 하나님께만 영광을 돌려야 한다.

"나라와 권세와 영광이 아버지께 영원히 있사옵나이다" 9절

기도 응답의 목적은 하나님의 영광에 있다. 기도가 응답됨으로 하나님의 나라가 이 땅에 임하고 하나님의 영광이 선포되어져야 한다. 기도가 응답됨으로 하나님이 우리의 왕 되심이 선포되어져야 한다. 하나님께 찬송함으로 기도의 문을 연다. 하나님께 영광 돌림으로 기도의 문을 닫는다.

우리의 시작과 끝은 항상 하나님이 되어야 한다. 당신이 기도하고 났을 때 하나님을 더 깊이 알고, 하나님을 더 사랑할 때 기도는 사명을 다하게 된다.

이렇게 주기도문을 따라 기도하면 빠르면 30분 길면 한 시간 정도 기도할 수 있다. 나는 이 기도를 '사이클 기도' 라고 부른다. 반드시 하루에 한 번씩은 이 순서에 따라서 기도를 드려라. 이런 사이클 기도가 없으면 내 기도만 하는 것으로 치우치게 된다. 기도가 좁아지고, 이기적이 된다.

기도의 풍성함을 잃어버린다. 정욕에 가득한 기도가 되고 응답은 오지 않는다. 중요한 기도 제목이 있으면 주기도문으로 사이클 기도를 드린 후에 중요한 기도를 집중적으로 하라. 나는 새벽마다 주기도문 기도를 드린다. 그런 후에 중요한 기도제목을 집중적으로 구한다. 열 번이고 백 번이고 계속해서 구한다. 하나님의 응답은 먼저 그의 나라와 의를 구할 때 풍성하게 주어진다.

chapter 2
기도를 현실로 만드는 법
/ 막 11:20~24

이 말씀은 잃어버렸던 진리를 가르쳐 주고 있다. 말씀에 비추어보면 우리의 기도 생활이 성경에서 얼마나 멀어졌는지 배울 수 있다. 오늘도 수많은 사람이 교회에 와서 주님께 기도하기를 "오 하나님, 나는 병에 걸렸습니다. 주님 도와주세요." "주님, 저는 실직했습니다. 삶이 고통스럽습니다." "주님, 제 아내가 저를 떠나고 제 삶은 엉망이 되었습니다. 주님께서 해결해 주세요"라고 기도한다.

구하는 기도는 기도의 기본이지만 항상 이런 식으로 구하기만 한다면 주님도 도울 수가 없다. 주님은 우리가 할 일을 하기를 원하신다. 예수님이 이미 이루어 놓으신 것들을 믿음으로 취하기를 기다리고 계신다. 주님이 이미 주신 것을 우리가 계속 달라고 구한다면 주님도 어쩔 수 없어서 답답해하신다.

예수님은 십자가에 죽으시면서 내가 "다 이루었다"고 선포하셨다. 예수님은 마귀의 일을 멸하고 마귀에게 빼앗겼던 것을 모두 제자리에 돌려놓았다. 예수님께서 마귀를 멸하실 때 우리에게 있는 모든 죄가 사라졌다. 우리는 예수 안에서 백 퍼센트의 의인이다. 우리는 죄인이 아니다. 죄인은 천국에 들어가지 못한다. 예수님처럼 의로운 자만 천국에 갈 수 있는데 우리가 천국에 들어가는 것은 예수님처럼 의롭기 때문이다.

우리 안에 계신 예수님 때문에 우리는 완전한 의인이 되었다. 예수님은 죄를 멸하시고 의를 주셨다. 의가 주어질 때 천국의 모든 것이 주어졌다. 천국에 없는 것은 원래 우리에게 없었다. 그것은 마귀가 가지고 왔다. 천국에는 죄가 없다. 천국에는 질병이 없다. 천국에는 두려움과 염려가 없다. 천국에는 분쟁과 싸움이 없다. 천국에는 가난이 없다. 천국에는 죽음이 없다.

그러면 이것이 어디에서 왔는가? 마귀가 첫 아담을 속이고 세상에 들어올 때 모두 가지고 들어온 것이다. 그런데 예수님이 십자가에 죽으심으로 마귀의 머리통이 깨지고 마귀가 가지고 들어온 것들이 박살났다. 우리가 예수님을 영접할 때 예수 그리스도 안에 있는 천국의 모든 것이 우리 안에 들어왔다.

예수 믿는 것은 일주일에 한 번 교회 다니는 것이 아니다. 마귀의 종에서 하나님의 자녀로 완전히 새롭게 태어나는 것이다.

"누구든지 그리스도 안에 있으면 새로운 피조물이라 이전 것은 지나갔으니 보라 새것이 되었도다"
고후 5:17

죄에다 의를 덧입혀서 기운 것이 아니다. 내 옛 사람이 죽고 그리스도 안에 의인으로 태어난 것이다. 마귀에게 속지 마라.

호세아 4장 6절에 "내 백성이 지식이 없으므로 망하는도다"라고 했다. 우리는 울며불며 구하는 자가 아니다. 우리는 하나님의 자녀이고 자녀의 복을 구한다. 다윗은 주께서 원수의 목전에서 상을 차려 주셨다고 고백했다. 다윗은 구약의 사람인데 하물며 더 좋은 언약 아래 있는 우리가 마치 고아처럼 행동해서는 안 된다. 하나님은 예수 그리스도를 통해서 하늘에 속한 신령한 모든 복을 우리에게 주셨다. 우리가 할 일은 담대하게 믿음으로 취하는 것이다.

> "내 종 모세가 죽었으니 이제 너는 이 모든 백성과 더불어 일어나 이 요단을 건너 내가 그들 곧 이스라엘 자손에게 주는 그 땅으로 가라 내가 모세에게 말한 바와 같이 너희 발바닥으로 밟는 곳은 모두 내가 너희에게 주었노니 곧 광야와 이 레바논에서부터 큰 강 곧 유브라데 강까지 헷 족속의 온 땅과 또 해지는 쪽 대해까지 너희의 영토가 되리라 네 평생에 너를 능히 대적할 자가 없으리니 내가 모세와 함께 있었던 것같이 너와 함께 있을 것임이니라 내가 너를 떠나지 아니하며 버리지 아니하리니 강하고 담대하라 너는 내가 그들의 조상에게 맹세하여 그들에게 주리라 한 땅을 이 백성에게 차지하게 하리라" 수 1:2~5

하나님은 이 말씀에서 가나안 땅을 이미 자기 백성에게 주었다고 했다. 주님이 주셨다고 하면 이미 얻은 것이다. 그러나 백성들이 한 가지 해야 할 것이 남았는데 그것은 직접 들어가서 그 땅을 밟는 것이다. 그들이 발로 밟기만

하면 그 땅은 그들의 기업이 된다. 만약 그들이 발을 내딛지 않는다면 하나님이 이미 그 땅을 그들에게 주셨지만 땅을 한 조각도 얻지 못한다.

문제는 하나님이 아니라 우리 자신이다. 이것을 기억해야 한다. 우리의 기도는 마치 주인이 주기 싫어하는 것을 억지로 달라고 떼를 쓰는 종처럼 하나님께 나가 그렇게 기도한다. 하나님은 이미 예수 그리스도 안에서 우리에게 필요한 모든 것을 주셨다. 우리가 할 일은 믿음으로 담대하게 취하는 것이다.

"주님이 우리에게 다 주셨다면 저는 왜 이렇게 고통당해야 하나요?" 그것은 당신이 믿음으로 취하지 않기 때문이다. 당신이 취할 때까지 응답은 주어지지 않는다. 이것은 마치 유언장과 같다. 유언장의 내용을 담대하게 주장할 때 자기 것이 되지 묻어 두고 있으면 영원히 남에게 빼앗기고 만다. 오늘 말씀은 주님이 당신에게 주신 것을 찾는 방법을 가르쳐 주고 있다.

예수님이 예루살렘 성전에서 나오시다가 몹시 시장할 때 무화과나무를 보셨다. 잎이 무성한 나무를 보시고 열매를 찾을 것을 기대하면서 갔는데 열매가 하나도 없었다.

예수님은 그 자리에서 무화과나무에게 다시는 열매를 맺지 못할 것이라고 심판하셨다. 다음날 다시 예루살렘으로 가기 위해 그 자리를 지나는데 어제 예수님이 저주한 무화과나무가 뿌리부터 바짝 말라 있었다. 베드로가 어떻게 이런 일이 있을 수 있냐고 질문하자 예수님께서 기도 응답에 관한 중요한 교훈을 제자들에게 가르쳐 주셨다.

첫째, 하나님을 믿으라.

"...하나님을 믿으라" 막 11:22

하나님을 믿는다는 것이 무엇인가? 하나님을 믿는다는 것은 말씀을 믿는 것이다. 말씀과 하나님은 하나다. 환경이 말씀과 다르고, 내 몸의 증상이 말씀과 다르고, 감정이 말씀과 다르다고 아우성쳐도 오직 말씀만 진짜라고 믿는 믿음이 하나님을 믿는 믿음이다.

믿음은 들음에서 난다. 듣는다는 것은 단순한 지적인 동의가 아니다. 말씀을 듣고 그 자리에 다시 가만히 앉아 있는 것은 하나님의 믿음이 아니다. 야고보는 그 믿음은 귀신의 믿음이라고 했다. 귀신도 듣는다. 그러나 결코 귀신은 순종하지 않는다. 행동하지 않는 믿음은 죽은 믿음이다.

> "행함이 없는 믿음은 그 자체가 죽은 것이라"
> 약 2:17

말씀을 듣고 행동할 때 우리의 믿음은 산 믿음이 되어 역사가 일어나게 된다.

당신이 기도할 때 먼저 말씀을 찾아라. 말씀이 없는 곳에는 응답이 없다. 말씀은 못이다. 벽에 못이 걸려 있으면 옷을 걸 수 있듯이 당신에게 말씀이 있을 때 그곳에 믿음을 걸 수 있다. 당신의 믿음을 말씀에 두라. 말씀 위에 섰으면 어떤 어려움이 와도 흔들리면 안 된다. 세상 모든 것은 헛되지만 말씀은 진실하다.

치유를 위해 기도하는데 몸의 증세가 더 나빠져도, 물질의 형통을 위해 기도하는데 형편이 더 어려워져도, 자녀를 위해 기도하는데 자녀가 더 문제를 일으켜도 흔들리면 안 된다. 오직 말씀 위에 서서 끝까지 말씀을 신뢰하라. 이것이 하나님을 믿는 믿음이다. 이 믿음은 환경과 상식과 생각과 여론을 초월한 절대적인 믿음이다. 말씀을 믿지 않으면 어떤 응답도 오지 않는다.

둘째, 산을 향해 말하라.

> "내가 진실로 너희에게 이르노니 누구든지 이 산더러 들리어 바다에 던져지라 하며 그 말하는 것이 이루어질 줄 믿고 마음에 의심하지 아니하면 그대로 되리라" 막 11:23

우리는 기도하고, 애걸복걸하고, 금식하지만 하나도 달라지지 않는 상황 때문에 낙심하기 일쑤다. 당신은 기도해야 한다. 간절히 기도해야 한다. 기도는 아무리 강조해도 지나치지 않다. 기도 안 하는 것이 문제지, 기도 많이 해서 문제가 되는 일은 없다. 스펄전은 '기도는 하늘 문을 여는 황금열쇠'라고 했다.

그러나 기도하고 난 후 기도한 것과 반대로 말하면 기도는 무효가 된다. 얼마나 많은 사람이 기도한 후에 기도와 반대되는 말을 함으로 기도를 무효화시키는지 모른다. 기도했으면 기도한 것을 말해야 한다. 고통을 없애 달라고 기도했으면 고통을 향해 "고통은 사라져라"라고 말해야 한다. 질병을 고쳐달라고 기도했으면 질병을 향해 "질병은 이제 내게서 떠나라"고 담대하게 명령해야 한다.

여기서 조심해야 할 것은 '산에 대해서' 말하는 실수를 범하지 말라는 것이다. 어떤 사람은 '산을 향해' 말하지 않고 '산에 대해서' 말하느라 에너지를 낭비한다. 나의 문제가 얼마나 큰지, 나의 질병이 얼마나 고통스러운지, 나의 경제 상황이 얼마나 나쁜지에 대해 열렬하게 토로하지만 이렇게 함으로 문제를 더 크게 만들 뿐이다.

당신이 산에 대해서 말할 때 당신의 산은 더 커진다. 당신이 문제에 대해서 더 많이 말하면 말할수록 문제의 노예가 될 것이다. 산에 대해서 말하지 말고 '산을 향해' 말하라. "질병은 내게서 떠나가고 건강이 올 것을 명령한다." "가난과 궁핍은 떠나가고 부요와 번영이 올지어다." "문제는 사라져라." "형통이 올 것을 명한다." "나를 반대하는 무리는 이제부터 협력자가 될지어다." 이렇게 산에게 말할 때 당신의 말이 산을 옮기는 응답을 가져온다.

당신의 말은 하나님도 듣고 사탄도 듣는다. 하나님도 당신의 말을 듣고 응답하시고, 사탄도 당신의 말을 듣고 당신에게 영향력을 행사한다. 당신이 내뱉은 말을 그대로 거둔다는 것이 성경의 가르침이다. 몸의 증상대로, 기분대로 환경대로 말을 하면 마귀가 질병과 저주를 가지고 온다.

성경대로 굳세게 믿음의 말을 하면 하나님이 말씀대로 응답을 주신다. 대부분 응답을 받지 못하는 것은 기도에 문제가 있는 것이 아니라 말에 문제가 있기 때문이다. 그들은 간절하게 기도한다. 믿음으로 구하고 찾는다. 그러나 조금만 어려우면 믿음을 잃어버리고 부정적인 말을 하고 실패의 말을 한다. 조금만 증세가 심해지면 고통에 대해서 말하느라 여념이 없다. 말이 실패하면 응답이 오지 않는다. 응답을 받으려면 말을 바꾸어야 한다.

"나는 하나님의 자녀입니다." "나는 복 받은 사람입니다." "나는 건강합니다." "나는 형통합니다." "하나님이 내 모든 기도를 응답해 주십니다." "하나님이 날마다 잘되게 하십니다." "하나님께서 내 마음의 소원을 응답하시고 내 청춘으로 독수리같이 날마다 새롭게 하십니다." 이렇게 믿음으로 말할 때 기도 응답의 길이 열린다.

셋째, 마음으로 의심하지 말라

"...마음에 의심하지 아니하면..." 막 11:23
"오직 믿음으로 구하고 조금도 의심하지 말라 의심하는 자는 마치 바람에 밀려 요동하는 바다 물결 같으니 이런 사람은 무엇이든지 주께 얻기를 생각하

지 말라" 약 1:6

의심하면 응답받지 못한다. 당신의 지성은 의심할 수 있다. 당신의 환경이 의심을 일으킬 수 있다.

그러나 당신의 마음으로 그것에 동의하면 안 된다. 의심을 받아들이고 말씀을 부인하는 자리까지 가면 안 된다. 마음으로 의심하지 않는다는 것은 지성과 환경이 의심을 일으키지만 다시 말씀 위에 서서 굳세게 말씀을 주장하는 것을 말한다.

사람은 긍정적인 것보다 부정적인 것에 훨씬 영향을 더 많이 받는다. 아홉 사람이 칭찬을 해도 한 사람이 비난하면 한 사람의 비난이 마음을 주장한다. 마음은 부정적인 것에 훨씬 민감하기 때문에 부정적인 것에 빨리 적응한다. 아홉 사람의 칭찬이 한 사람의 비난보다 훨씬 가치 있지만 마음은 부정적인 것에 사로잡힌다. 이런 마음의 상태를 파악하면 마음을 조절할 수 있다.

부정적인 생각이 일어날 때 그것에 동조하지 않고 조절하는 법을 배워라. 의심과 부정적인 생각이 들면 흘려보내라. 자연스럽게 흘러가도록 버려두라. 모든 생각을 받아들일 필요가 없다. 긍정적인 것은 받아들이고 부정적인 것은 흘려보내라.

마음에 말씀을 가득 채워라. 의심치 않고 믿음을 지키는 비결은 마음에 말씀을 채우는 것이다. 말씀이 마음에 가득할 때 당신은 굳세게 믿음을 지킬 수 있다.

넷째, 당신의 말을 끝까지 믿어라.

"그 말하는 것이 이루어질 줄 믿고..." 막 11:23

믿음은 입술로 고백되어져야 한다.

"누구든지 사람 앞에서 나를 시인하면 나도 하늘에 계신 내 아버지 앞에서 그를 시인할 것이요 누구든지 사람 앞에서 나를 부인하면 나도 하늘에 계신 내 아버지 앞에서 그를 부인하리라" 마 10:32~33

입술의 말이 영원한 생명을 결정한다. 예수님은 믿음이 응답을 가져온다고 말하지 않고 당신의 말이 응답을 가져온다고 했다.

왜 이렇게 말씀했는가? 믿음은 말로 증거되기 때문이다.

"사람이 마음으로 믿어 의에 이르고 입으로 시인하여 구원에 이르느니라" 롬 10:10

믿음은 입술로 증거되기까지는 인정을 받지 못한다. 누구든지 하나님을 믿는다고 말한다. 누구든지 기도를 믿는다고 말한다. 그러나 주님은 진짜 믿음이란 말에 있다고 했다. 말이 잘못되면 믿음이 없는 것이다.

자기가 한 말을 믿지 못하면 응답이 없다고 했다. 말은 진실하다. 사람은 마음에 가득한 것을 입으로 말한다. 응답 받으려면 당신 입술의 말을 성경 말씀과 똑같이 만들어라.

예수님은 '그 말하는 것이 이루어질 줄 믿고' 라고 했다. 당신이 말하지 않으면 아무것도 주어지지 않는다. 당신이 말한 것을 은근히 믿지 않거나, 사람들 앞에서 반대로 말하면 당신이 아무리 기도해도, 아무리 말해도 이루어지지 않는다. 어떤 환경이나 어떤 사람 앞에서도 동일한 말을 지속해야 한다.

"나는 사업에 성공하고 축복의 통로가 될 것이다" 라고 말했으면 설령 부도가 나더라도 당신의 말이 이루어질 것을 믿고 고백을 지속해야 한다. 하루 종일 앵무새처럼 중

얼거리라는 것이 아니다. 당신이 한 말이 이루어질 것을 믿고 이루어질 것을 기대하며, 마음 깊은 곳에서 똑같은 믿음을 가지고, 똑같은 말을 계속 할 때 하나님께서 그것을 믿음으로 인정하시고 응답해 주시겠다는 것이다. 이것이 예수님이 말씀하신 '네 말하는 것이 이루어질 줄 믿고' 라는 말씀의 온전한 해석이다.

다섯째, 응답이 온다

"...그대로 되리라" 막 11:23

당신이 올바른 신앙의 태도를 유지하기만 하면 응답은 자연스럽게 온다. 문제는 하나님이 아니라 당신의 태도다. 마귀가 얼마나 당신의 삶을 괴롭히고 고통스럽게 하는지 말하는 것을 그치고, 당신이 원치 않는 것은 떠나라고 담대하게 말하라. 당신 삶을 고통스럽게 하는 한 가지, 한 가지를 언급하고 예수 이름으로 떠나라고 명령하라.

당신이 원하는 것을 예수 이름으로 담대하게 요구하라. 하나님이 예수 그리스도 안에서 당신에게 주신 것을 담대하게 요구하라. 당신의 말에 일관성을 유지하고 지속적으로 선포하라. 당신이 말한 것이 이루어질 것을 의심하지 마라. 위의 네 가지 공식을 지켰으면 응답은 자연스럽게 온다.

당신의 기도를 현실로 만드는 법에 대해서 다섯 가지를 말했다. 하나님을 믿어라. 산을 향해 말하라. 심령으로 의심하지 마라. 당신의 말이 이루어질 것을 굳세게 믿어라. 기도 응답을 받는다.

이제 마지막 남은 한 가지 비밀이 있다. 기도하고 말했으면 마치 얻은 것처럼 행동하라는 것이다. 기도하고 난 후 이미 응답받은 것처럼 행동하는 것은 거짓이 아니다. 이런 행동은 당신의 환경과 느낌보다 하나님의 말씀을 신뢰한다는 증거를 드러낸다. 환경과 증세에 동요되어서는 안 된다. 증세가 더 악화되고, 상황이 더 어렵게 되고, 문제가 더 커져도 절대로 의심하지 마라.

이것은 응답을 받지 못하도록 유혹하는 마귀의 마지막 속임수다. 마귀의 속임수를 꿰뚫고 있다면 말씀만 붙들 수 있다. 유일한 진리의 말씀이다. 당신이 말씀 위에서 기도하고, 말씀 위에서 행동한다면 당신은 믿음 위에 서 있다는 증거를 드러내고 있는 것이고, 하나님은 당신의 믿음에 기쁘게 응답하신다.

chapter 3
기도 응답과 고백 / 막 11:23

　기도 응답에서 우리가 자주 놓치는 진리가 있는데 고백의 중요성이다. 우리는 간절하게 기도하지만 고백에서 실패한다. 고백이 기도와 다르면 응답 받지 못한다. 사람들은 잘되게 해 달라고 기도하지만 눈을 뜨고 나서는 환경을 보고 "내가 하는 일은 왜 이렇게 꼬이는 거야"라고 말한다.

　사람들은 건강을 달라고 기도하지만 누군가가 물으면 "나는 지금 몸이 몹시 좋지 않아요"라고 말한다. 기도를 하면서도 고백이 항상 반대로 나오기 때문에 기도가 실패한다. 응답의 원리는 간단하다. 기도한 것을 고백하라.

1789년 프랑스 혁명 때 루이 14세가 단두대에서 죽임을 당했다. 황제에게는 왕자가 하나 있는데 왕자를 단두대에서 죽이면 천국 가기 때문에 마녀에게 팔아서 영혼이 저주를 받게 하라고 했다. 왕자를 사악한 마녀에게 넘겨주었다. 마녀는 온갖 저주스러운 말을 왕자에게 가르치기 시작했다. 그러나 왕자는 한 마디도 따라하지 않고 오히려 "나는 프랑스 황제의 아들이다" "황제의 아들은 더러운 말을 하지 않는다"고 하면서 끝까지 거부했다고 한다.

승리의 비결은 고백이다. 거룩하게 사는 비결은 나는 죄인이라고 말하지 않고 나는 거룩하다고 말하는 데 있다. 너무 많은 그리스도인들이 "나는 죄인입니다" "사람은 약하기 때문에 항상 죄를 반복할 수밖에 없잖아요"라고 말한다. 자기를 변명하지만 사람들은 자기 말로 죄 짓는 길을 열어놓는다. 이미 죄를 지을 수밖에 없다고 고백했기 때문에 죄를 짓는 것이다.

"나는 하나님의 자녀다" "나는 거룩한 백성이다" "나는 죄에 참여하지 않는다"고 말하는 그리스도인은 거룩하게 산다. 고백은 인생의 이정표다.

"죽고 사는 것이 혀에 달렸나니 혀를 쓰기 좋아하는 자는 혀의 열매를 먹으리라" 잠 18:21

예수님께서 예루살렘 성전에서 나오다가 몹시 시장하셔서 잎이 푸르고 무성한 무화과나무를 찾아가서 열매를 구했다. 그러나 가까이 가보니 잎만 무성했지 열매가 없었다. 열매 없는 무화과나무를 보고 앞으로 영원히 열매를 맺지 못할 것이라고 저주하셨다. 다음날 예루살렘으로 올라가는데 저주한 무화과나무가 뿌리째 말라 있었다. 제자들이 보고 깜짝 놀라서 "어떻게 이런 일이 있을 수 있느냐"고 질문했다. 예수님은 말의 중요성을 가르쳐 주셨다.

"하나님을 믿으라 내가 진실로 너희에게 이르노니 누구든지 이 산더러 들리어 바다에 던져지라 하며 그 말하는 것이 이루어질 줄 믿고 마음에 의심하지 아니하면 그대로 되리라" 막 11:22~23

하나님을 믿는 것은 하늘만 바라보고 있는 것이 아니다. 하나님을 믿는 사람은 하나님과 동일한 말을 한다.

"하나님이 보내신 이는 하나님의 말씀을 하나니 이는 하나님이 성령을 한량없이 주심이니라" 요 3:34

예수님은 언제나 하나님과 똑같은 말씀을 하셨다. 하나

님의 사람은 말에서 증거된다. 말하는 것이 성경과 다르면 그 사람은 하나님의 사람이 아니다. 하나님의 사람은 하늘이 무너지고 땅이 꺼져도 성경에 나오는 것을 고백하는 사람이다.

예수님을 보라. 죽은 지 4일이 지난 나사로의 무덤에 가서 기도하셨다.

> "아버지여 내 말을 들으신 것을 감사하나이다"
> 요 11:41

하나님을 주목하던 눈을 무덤으로 향했다. 그러고는 "금방 죽었다면 모를까 이미 죽은 지 사흘이나 지나 썩은 냄새가 나니 살아나기는 불가능해!" 이렇게 말하지 않았다. 기도한 바로 그것을 고백했다. "나사로야 나오라"고 말했다. 기도한 그대로 말했더니 죽은 나사로가 살아났다.

보리떡 다섯 개와 물고기 두 마리밖에 없는데 사람은 5천 명이나 되고 적은 음식으로 이 많은 사람들을 먹이는 것은 불가능했다. 예수님은 떡과 물고기를 축사했다. 축복하고 감사했다는 말이다. 우리는 기도할 때는 축복하고 감사한다. 그러나 환경을 보면 또 다시 부정적인 말을 한다. "이것은 도저히 불가능해! 이렇게 적은 음식으로 이렇게 많은 사람을 먹이는 것은 절대 불가능해." 우리는 이런 말에 익숙하다.

그러나 예수님은 기도한 것과 똑같이 말했다.

"너희가 먹을 것을 주라" 마 14:16

예수님은 상황을 말하지 않고 문제를 말하지 않고, 이 일이 얼마나 불가능한지를 이야기하는 데 시간을 낭비하지 않았다. 예수님은 기도한 것을 고백했다. 보리떡 다섯 개와 물고기 두 마리로 5천 명을 먹이고 열두 바구니가 남았다.

말에는 창조하는 능력이 있다. 부정적이든 긍정적이든 고백은 말한 것을 창조한다. "나는 몸이 아파요"라고 말하는 순간 당신은 고백으로 몸에 질병을 창조하고 있다. "나는 궁핍합니다"라고 말하는 순간 고백으로 당신 인생에 궁핍을 창조한다. "나는 아무리 기도해도 응답이 오지 않아요"라고 말하는 순간 응답의 문은 닫힌다.

나는 아픈 사람이 왜 항상 아픈지, 가난한 사람은 왜 항상 가난한지, 부정적인 사람은 왜 항상 부정적인지 고민하다가 성경에서 답을 찾았다. 그들은 항상 질병과 가난과 문제와 고통을 말하기 때문에 바로 그것을 날마다 창조하는 것이다.

나는 몇 년 동안 깜깜한 고통의 시간을 보냈다. 재정적으로 어렵고 인생의 희망이 보이지 않았다. 수많은 시간을 기도로 보냈지만 빛을 발견할 수 없었다. 아침에 눈을 뜨면 고통스러운 시간이 몰려왔다. 그때 내가 굳세게 지킨 것이 말이었다. 나는 현실과 상황을 말하지 않고 기도한 것을 말했다.

"왜 이렇게 어려운 거지." "언제나 이 어려움이 끝날까?" "하루하루 사는 것이 고통스러워!" 이런 말을 절제했다. 아주 하지 않은 것은 아니지만 기억에 없을 만큼 아주 적게 말했다. 지독히 고통스러워 절망할 때 정말 낙심해서 한두 번 말하기는 했지만 항상 입술을 지키려고 노력했다.

"나는 복을 받는다." "나는 반드시 승리한다." "하나님이 내 인생을 번성하게 하신다." "나는 잘되고 더 성공할 것이다." 아침에 일어나면 이렇게 고백했다. 하루 종일 틈이 날 때마다 이것을 고백했다. 마음이 낙심되고 무거울 때 억지로라도 고백했다. 하나님이 먹구름을 걷어주셨다. 지금 나는 누구보다 복을 누리는 생활을 하고 있다.

창세기 1장 1절을 보면 "태초에 하나님이 천지를 창조하시니라"고 했다. 2절을 보면 "땅은 혼돈하고 공허하며 흑암이 깊음 위에 있고 하나님의 영은 수면 위에 운행하시니라"라고 했다. 하나님이 천지를 창조했다. 그러나 아무것도 이루어진 것이 없다. 하나님이 창조를 하셨지만 혼돈과 공허가 있었다. 성령이 물 위에 운행하고 있었지만 질서가 없었다. 어둡고, 뒤섞여 있고, 혼돈이 가득했다.

그때 3절을 보면 "하나님이 이르시되 빛이 있으라 하시니 빛이 있었고"라고 했다. 빛은 없었다. 그런데 하나님이 빛이 있으라고 말했다. 이것이 믿음이다. "하나님은 죽은 자를 살리시며 없는 것을 있는 것으로 부르시는 이시니라"(롬 4:17). 고백이 응답을 가져온다. 하나님도 빛이 있으라고 말씀하시자 빛이 생겼다.

사람들은 "없는데 어떻게 있는 것처럼 말합니까?" "그것은 거짓이 아닙니까?"라고 질문한다. 그러나 이것은 하나님의 방법이다. 하나님의 말씀은 현실보다 더 진짜다. 말씀과 현실이 다르다면 현실이 잘못된 것이지 말씀이 잘못된 것은 아니다. 하나님은 이것을 믿음이라고 칭찬하신다.

이 말씀에서 한 가지 더 배울 것은 '산을 향해' 말하는 것이다. 예수님은 '산에 대해서' 말하라고 하지 않으셨다. 산을 향해 말하는 것과 산에 대해 말하는 것은 하늘과 땅 차이다. '산에 대해서' 말하는 것은 문제에 대해서 말하는 것이다. 내 문제가 얼마나 큰지, 내 병이 얼마나 고치기 어려운지 내 형편이 얼마나 절망적인지…이런 것들에 대해서 말하는 것이 산에 대해서 말하는 것이다.

예수님은 "산더러 들리어 바다에 던져지라 하며"라고 했다. 문제를 향해서 직접 명령하는 것이다. 당신의 고통을 향해, 당신의 질병을 향해, 당신의 장애물을 향해 직접 떠나가라고 명하는 것을 말한다.

예수 이름으로 명하노니 내 몸의 질병은 사라질 것을 명령한다. 예수 이름으로 명하노니 자녀들의 방황은 끝날 것을 명령한다. 예수 이름으로 명하노니 내가 하는 일마다 주님의 도움으로 형통할지어다.

"진실로 너희에게 이르노니 무엇이든지 너희가 땅에서 매면 하늘에서도 매일 것이요 무엇이든지 땅에서 풀면 하늘에서도 풀리리라" 마 18:18

당신이 무슨 말을 하느냐에 따라서 하나님이 움직이기 시작하신다. 이런 말은 익숙하지 않기 때문에 우리에게 불경스럽게까지 들린다. 그러나 민수기 14장 28절에 하나님께서 분명히 말씀하기를 "너희 말이 내 귀에 들린 대로 내가 너희에게 행하리니"라고 하셨다.

하나님은 스스로 말씀에 매이는 분이다. 하나님은 당신의 길을 강제로 인도하시지 않는다. 당신의 입술의 고백에 따라 기도에 응답하기도 하고 거절하시기도 한다. 간절하게 기도한 후 당신의 입술을 말씀 위에 굳세게 세워야 한다. 그래야 응답 받을 수 있다.

본문 20절을 보면 "그들이 아침에 지나갈 때에 무화과나무가 뿌리째 마른 것을 보고"라고 했다. 예수님이 무화과나무를 향해 저주했지만 여전히 잎은 푸르고 무성했다. "예수님이 나무보고 말라 버리라고 했는데도 여전히 잎은 푸르고 싱싱하잖아." 제자들이 서로를 보고 이렇게 말했을 수도 있다. 말했다고 해서 당장 나무가 마른 것은 아니다. 그러나 예수님이 말씀하시는 순간 이미 보이지 않는 뿌리가 마르기 시작한 것이다. 보이지 않는 곳에서 일이 벌어지기 시작했다. 그리고 다음날 아침이 되자 나무 전체가 바짝 말라버렸다.

"말을 해도 변한 것이 없어요.""내 문제를 향해 명령했지만 문제는 여전히 있어요.""내 질병을 향해 떠나라고 말했지만 나는 여전히 아파요." 그러나 당신이 말하는 순간 이미 근원적인 곳에서는 변화가 일어나고 있다. 당신이 문제를 떠나가라고 명령하는 순간 이미 문제의 뿌리가 마르기 시작했다. 그것이 당신에게 나타나기까지 시간이 필요한 것뿐이지 근원적인 곳에서 변화가 일어나고 있다.

무화과나무가 완전히 마르기까지 하루가 필요했던 것처럼, 당신이 원하는 것이 나타나기까지 몇 주, 몇 달, 때로는 몇 년이 필요할 수 있다. 그렇지만 땅에서 말하는 순간 이미 하늘에서 기적과 축복과 치유의 문이 열린 것을 믿어야 한다. 예수님은 원하는 것을 말했으면 그것이 이루어지기까지 의심하지 말라고 했다.

"그 말하는 것이 이루어질 줄 믿고 마음에 의심하지 아니하면 그대로 되리라"(막 11:23)고 했다. 말하고 나서 일이 당신의 시간에 이루어지지 않는다고 중간에 불신앙의 말을 하지 마라. 중간에 의심의 말을 하지 마라. 믿음으로 명령했으면 끝까지 당신의 말이 이루어질 것을 믿어라.

한 어린이가 가을에 주렁주렁 달린 큰 호박을 보고 어떻게 저런 큰 호박이 달릴 수 있느냐고 할머니에게 물었더니 할머니가 호박씨를 보여주면서 이 작은 씨앗에서 호박이 열린다고 가르쳐 주었다. 아이는 신기해서 호박씨를 땅에 심었다. 그런데 며칠이 지나도 호박 열매가 열리지 않았다.

혹시 무엇이 잘못되었나 싶어 땅을 파 보았더니 호박씨가 그대로 있었다. 다시 며칠이 지났는데 아무런 열매도 열리지 않아서 다시 땅을 파 보았더니 호박씨가 그대로 있었다. 삼 일이 멀다 하고 땅을 팠더니 나중에는 호박씨가 죽어버렸다. 호박씨를 심었으면 열매가 열릴 것을 믿고 계속해서 물을 주고 가꾸고 기다려야 한다.

당신이 입술로 고백했으면 이루어질 것을 믿고 계속 감사하며 행동해야 한다. 일이 어려워지고, 열매가 속히 열리지 않는다고 해서 "내 그럴 줄 알았어." "난 절대로 행복해지지 않아." "난 절대로 빚에서 해방될 수 없어." "내 병은 절대 낫지 않아"라고 말하지 마라. 이것은 호박씨를 파내는 어리석은 행동이다.

당신은 계속 믿음으로 고백하고 말이 이루어질 것을 믿고 감사하기만 하라. 히브리서 4장 14절에 "우리가 믿는 도리를 굳게 잡을지어다"라고 권면하고 있다. 중간에 놓쳐버리면 실패한다. 끝까지 약속을 굳게 잡고 입술의 고백을 지킬 때 하나님은 응답하신다.

링컨은 대통령이 되기까지 실패에 실패를 반복했다. 9세에 어머니가 죽었다. 초등학교를 다니다가 돈이 없어 학교에서 쫓겨났다. 법률학교 진학이 거절되었다. 변호사 시험에 낙방했다. 사랑하는 여인이 결혼을 앞두고 죽음을 당했다. 두 번의 사업 실패로 20년 동안이나 빚을 갚았다. 국회의원 선거만 8번이나 떨어졌다. 부통령 선거에 떨어졌다. 그는 20년 동안 하는 일마다 거의 모두 실패했다.

그러나 결국 미국 대통령이 되었고 세계에서 가장 위대한 대통령으로 존경을 받고 있다. 링컨은 자기 인생을 묻는 기자에게 이렇게 대답했다. "조금 미끄럽기는 했지만 낭떠러지는 아니었습니다." 미끄러진 것과 낭떠러지에 떨어진 것은 하늘과 땅 차이다. 미끄러졌다면 다시 일어나면 된다. 그러나 낭떠러지에서 떨어지면 죽는다.

링컨은 자기의 실패를 미끄러진 것이라고 고백했다. 실패를 미끄러진 것으로 생각한다면 얼마든지 다시 일어날 수 있다. 사업에 실패했는가? 산더미 같은 문제에 고통하는가? 빚에 눌려 있는가? 질병에 고통당하고 있는가? 하는 일이 막혀서 신경쇠약에 걸려 있는가? 직장에서 해고를 당했는가? 자녀들 때문에 고민하고 있는가?

당신은 지금 잠시 미끄러진 것뿐이다. 실패를 너무 심각한 것으로 생각하지 마라. 당신의 상황이 완전히 절망적인 것처럼 그렇게 울상을 짓지 마라. 입술의 고백을 고치고 다시 일어나라. 성공과 실패가 말 한 마디 차이다. 대단한 재능과 기술이라고 생각하지 마라.

하나님은 모든 인생에게 공평한 재능을 주셨다. 당신이 지속되는 실패를 당하고 있다면 입술이 문제다. 기도가 계속 거절되고 있다면 고백을 바꾸라. 고백을 바꾸면 당신도 얼마든지 성공할 수 있다. 고백을 바꾸면 당신의 기도는 풍성한 응답을 누린다.

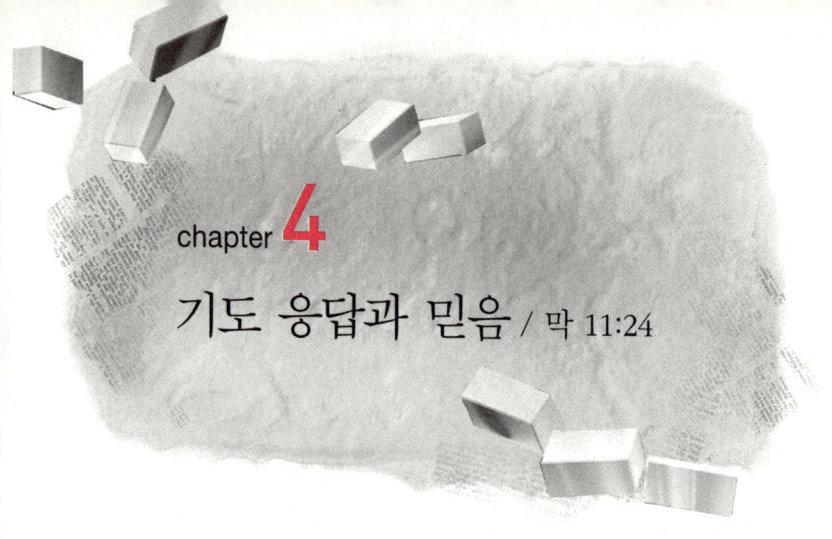

chapter 4
기도 응답과 믿음 / 막 11:24

하나님은 우리가 얼마나 오래 기도하는지에는 관심이 없다. 하나님은 믿음에 관심을 가지신다. 오래 기도해도 믿음 없는 기도는 응답받지 못한다. 짧은 기도지만 믿음이 충만하면 응답을 받는다. 예수님은 언제나 응답하시기 전에 '네 믿음이 크도다'라고 말씀하셨다. 백부장에게는 '네 믿음대로 될지어다'라고 하셨다. 믿음의 중요성을 배우지 못하면 기도 응답을 누릴 수 없다. 우리의 가장 큰 무지는 소망과 믿음의 차이를 알지 못하는 것이다.

소망은 하나님께서 미래에 주실 축복을 기대한다. 그러나 믿음은 하나님이 주신 것을 현재 받아 누린다. 마가복음 11장 24절을 보면 예수님께서는 당신이 하나님의 축복을 받기 위해 기도할 때 이미 받은 것으로 믿고 행동하라고 가르쳐주고 있다.

"너희가 기도하고 구한 것은 이미 받은 줄로 믿으라 그리하면 너희에게 그대로 되리라." 기도하고 나서 눈에 보이지 않고, 상황의 변화도 없고, 몸에 느낌도 없다고 그것에 끌리지 말라는 것이다. 기도했으면 이미 응답 받은 것으로 믿고, 확신하고, 계속 말하고, 그대로 행동해야 한다. 이것이 받은 줄로 믿는다는 말의 의미다. 현실이 먼저 오지 않는다.

'받은 줄로 믿으라.' 믿음이 먼저다. '그리하면 너희에게 그대로 되리라.' 현실이 나중에 따라 온다. 하나님은 거꾸로 응답하시지 않는다. 하나님은 약속한 순서에 따라서 응답하신다.

보지 않고 믿는 것이 얼마나 놀라운 기적을 가져오는지는 예수님의 행동에서 배울 수 있다. 예수님은 나사로가 무덤에 묻혀 있을 때 하나님께 기도하고 나서 '아버지여 내 말을 들으신 것을 감사하나이다' (요 11:41)라고 했다.

여기서 우리가 예수님에게 배울 것은 기도하고 나서 응답이 아직 오지 않은 상태에서도 "아버지여 내 말을 들으신 것을 감사하나이다"라고 과거 시제로 감사했다는 것이다. 현실은 전혀 바뀌지 않았다. 그러나 기도했으면 이미 응답받은 것으로 믿고 "하나님 이미 문제를 해결해 주셨으니 감사합니다" 이렇게 고백해야 한다.

자녀들을 위해 기도한 후에도 자녀들이 여전히 말썽을 일으킨다. 그때 "하나님, 자녀들에게 믿음의 복을 주셨으니 감사합니다"라고 고백해야 한다. 기도한 후에도 몸이 여전히 아프지만 "하나님, 이미 치료해 주셨으니 감사합니다"라고 고백해야 한다. 기도가 거절되는 대부분의 이유는 이것을 놓치고 있기 때문이다.

믿음은 응답이 눈앞에 현실이 되기 전에 기도가 이미 응답되었다고 고백해야 한다.

> "그를 향하여 우리가 가진 바 담대함이 이것이니 그의 뜻대로 무엇을 구하면 들으심이라 우리가 무엇이든지 구하는 바를 들으시는 줄을 안즉 우리가 그에게 구한 그것을 얻은 줄을 또한 아느니라" 요일 5:14~15

믿음은 눈앞에 변화가 일어나기 전에 '성경에 기록되었으되'라고 먼저 말한다. 말씀의 권위에 의지하여 "아버지여, 내 말을 들으신 것을 감사하나이다"라고 말하는 것은 믿음이다. 믿음은 관념이 아니다. 믿음은 지식이나 논쟁이 아니다. 믿음은 말씀 위에 서서 행동하는 것이다.

믿음은 말씀에 반대되는 것은 절대 바라보지 않는다. 아담과 하와가 타락한 이후로 인간은 말씀을 잊어버리고 감각을 따라 살게 되었다. 감각에 익숙한 인생은 육적인 인생이다. 하나님이 아브라함을 부르시면서 가장 먼저 가르친 것이 보기 전에 믿는 것이었다.

아직 한 명의 자녀도 없는 아브라함에게 열국의 아버지라는 이름을 지어 주셨다. 아브라함은 자기 감각과 자연법칙을 믿는 대신 하나님의 말씀을 믿고 그날로 이름을 바꾸었다. 많은 백성의 아버지라고 부른 지 일 년 만에 고백이 이루어졌다. 먼저 믿음을 바꾸고 고백을 바꾸었다. 일 년간 믿음으로 고백을 유지했다. 아브라함은 응답을 받았다.

남편이 출근하면서 아내 주머니에 돈을 넣어 놓았으니 마음껏 쓰라고 하면 그때부터 아내는 돈을 어디에 쓸까 궁리할 것이다. 아직 돈을 보지 않았지만 남편의 말을 믿기 때문에 그렇게 생각한다. 하나님은 당신의 남편이나 아내의 말보다 훨씬 믿을 만한 분이다. 왜 많은 사람들이 자기 아내나 남편의 말은 잘 믿으면서 하나님의 말씀은 믿지 못하는지 모르겠다.

그들이 현실을 보고 믿음을 잃어버리는 것은 하나님을 믿지 못하기 때문에 그렇다. 하나님을 믿는다면 그들은 의심하거나 낙심하지 않을 것이다. 그들의 말을 염려와 걱정으로 채우지 않고 믿음으로 채울 것이다. 당신이 기도하고 있는 문제에 대해 당신은 어떤 말을 하고 있는가?

이미 응답 받은 것처럼 과거형으로 말하고 있다면 당신은 믿음의 사람이다. 그러나 여전히 현실에 매여 말한다면 당신은 육적인 사람이다. 하나님은 육적인 사람에게 응답할 의무가 없으시다. 오직 믿음에만 응답하신다.

어떤 사람이 만약 당신에게 등기소에서 직접 집문서를 가져다가 당신에게 양도해주었다면 당신은 집을 보지 않아도 그것이 당신 집이 된 것을 믿을 것이다. 그 집을 본 적도 없고 확인한 적도 없고 가보지 않았지만 당신 것이 되었다고 믿고 주장할 것이다. 그 집에 살게 해 달라고 울며불며 구하지 않을 것이다. 그냥 그 집으로 들어가서 자연스럽게 살 것이다.

믿음이란 이와 같다. 하나님께서 이미 우리에게 주셨다

고 말씀하시는 것을 설령 직접 가보지 못하고, 마음으로 느끼지 못하고, 눈으로 확인하지 않아도 그대로 내 것이 되었다고 믿고 주장하고 누리는 것이다.

여호수아 6장 2절을 보면 "보라 내가 여리고와 그 왕과 용사들을 네 손에 넘겨 주었으니"라고 했다. 하나님은 '줄 것이라'고 하지 않고 '주셨다'고 했다. 이스라엘 백성은 아직 여리고를 점령하지 못했지만 하나님 편에서는 이미 주셨다. 현실을 믿을 것인가? 하나님의 말씀을 믿을 것인가? 선택은 이스라엘 백성들의 몫이다.

여호수아는 하나님의 말씀을 선택했다. 성의 높이를 보지 않고 철병거와 무기를 보지 않고, 장대한 신장을 보지 않았다. 오직 하나님의 말씀 위에 서서 성 주위를 돌았다. 이것이 군사전략에 맞느냐 틀리느냐를 논쟁하지 마라. 하나님의 말씀을 논쟁거리로 삼는 것은 불경이다.

여호수아는 하나님께서 여리고 성을 이미 주셨다는 말씀을 단순히 믿고 믿음 위에서 행동했을 때 여리고 성은 진짜 그들의 것이 되었다. 순서를 잘 보라. 믿음이 먼저 있었다. 그리고 현실로 나타났다.

기도 응답을 받지 못한 이유는 현실로 보기 전에 믿지

않겠다는 불신앙 때문이다. 그들은 믿는다고 말하지만 거짓이다. 고백을 들어보면 여전히 현실에 매여 있다. 행동을 보면 현실에 바탕을 두고 있다. "받은 줄로 믿으라. 그리하면 너희에게 그대로 되리라." 믿음은 응답을 지금 받은 것으로 알고 감사하며 행동하는 것이다.

우리가 죄 용서의 문제를 두고 생각해 보면 간단하다. 우리가 죄 용서를 받은 것은 말씀을 믿었기 때문이지 용서 받은 느낌이 생겼기 때문이 아니다. 용서의 복음을 다 전하고 단순히 믿음으로 받아들이면 된다고 했는데 그 앞에서 애걸복걸하며 계속 용서해 달라고 기도한다면 얼마나 답답한 노릇인가?

기도 응답도 동일한 방법으로 역사한다. 우리가 기도할 때 하나님은 이미 응답해 주셨다. 마음의 느낌이나 몸의 증세나 현실의 변화에 상관없이 응답을 받은 것을 믿음으로 고백하고, 감사하고, 담대하게 행동할 때 응답은 현실이 된다.

"그러므로 너희 담대함을 버리지 말라 이것이 큰 상을 얻게 하느니라 너희에게 인내가 필요함은 너희가 하나님의 뜻을 행한 후에 약속하신 것을 받기 위함이라"
히 10:35~36

응답을 얻으려면 두 가지를 반드시 해야 한다.

1. 담대함을 버리지 말아야 한다.

기도한 후 상황이 어려워지고, 문제는 커지고, 몸의 증세가 더 나빠졌다고 응답을 의심하면 안 된다. 매일 순간마다 하나님의 말씀을 붙들고 믿음으로 고백하며 행동해야 한다. 담대함은 상황이 아니라 말씀을 의지할 때 생긴다. 굳세게 말씀에 뿌리를 박고, 말씀을 주장하고, 말씀대로 순종할 때 큰 응답을 받는다.

2. 인내해야 한다.

씨앗이 땅에 심겨지면 일정한 시간이 지나야 열매를 맺듯이 말씀은 심겨진 후에 때로는 오랜 시간이 지나야 이루어지기도 한다. 하나님의 약속은 반드시 이루어지지만 그 시기는 하나님이 조절하신다. 시간은 우리에게 속한 것이 아니므로 하나님의 시간이 올 때까지 줄기차게 믿으면서 인내해야 한다.

"우리가 선을 행하되 낙심하지 말지니 포기하지 아니하면 때가 이르매 거두리라" 갈 6:9

때때로 문제가 해결되고, 응답이 오는 데 시간이 걸리기도 하지만 인내하는 자는 반드시 응답 받는다.

수로보니게 여인은 예수님께 나와 귀신들린 자기 딸을 고쳐달라고 기도했다. 그러나 예수님의 반응은 싸늘했다. 나중에는 자녀들에게 줄 떡을 개에게 줄 수 없다는 모욕적인 말을 던졌다. 너무나 상처가 되고 낙심이 되는 말이지만 여인은 끝까지 주님을 바라보았다.

"옳습니다. 그러나 개들도 주인의 상에서 떨어지는 부스러기를 먹을 자격은 있으니 저에게 부스러기 은혜라도 주옵소서." 예수님께서는 이 고백에 감동을 받으시고 "이 말을 하였으니 네 딸이 나았느니라"고 말씀하셨다. 때로는 기다리는 시간이 고통스럽기는 하지만 거절이 아니라 시험이라는 것을 기억한다면 인내할 수 있다. 인내의 시간에도 고백을 지켜야 한다. 수로보니게 여인처럼 절대 믿음의 고백을 해야 한다. 예수님은 여인의 고백을 보시고 응답을 주셨다. 고백은 믿음의 증거다.

용서는 눈에 보이지 않는다. 그러나 믿을 때 용서가 당신에게 임한다. 당신이 느끼건 느끼지 못하건 하나님의 말씀을 믿는 순간 용서 받는다. 응답도 같은 방식으로 받는다. 환경에 변화가 있건 없건 응답 받은 것이다. 히브리서 11장 1절에는 "믿음은 보지 못하는 것들의 증거"라고 했다. 보는 것은 사실이지 믿음이 아니다. 아직 보이지 않을 때 이미 본 것처럼 담대하게 증거할 수 있을 때 이것이 하나님이 찾는 바로 그 믿음이다.

예수님은 열 명의 문둥병자들에게 가서 제사장에게 너희의 몸을 보이고 예물을 드려 치료받은 것을 감사하라고 했다. 그들이 여전히 문둥병자였지만 제사장에게 가다가 고침을 받았다. 그들이 나은 것을 믿고 그대로 행동할 때 치료가 온몸에 퍼져서 완전히 고침을 받은 것이다.

나는 당신에게 믿음이 무엇인지 계속 반복해서 설명하고 있다. 우리의 기도는 대부분 믿음에서 실족한다. 믿음이 무엇인지 알지 못하기 때문에 기도한 후에 불신앙으로 기도를 뒤엎어 버린다. 기도는 간절함 때문에 응답되는 것이 아니다. 기도는 믿음 때문에 응답된다. 주님은 한 번도 우리의 간절함에 응답하신다는 말씀을 하신 적이 없다. 언제나 우리 믿음에 응답하신다고 했다.

당신이 기도할 때 구한 것을 하나님이 주셨다고 믿고, 하나님께 감사와 찬양을 드리기 바란다. 담대함을 버리지 않고 인내하며 계속 믿음으로 행동하면 믿음은 반드시 눈앞에 보이는 헌실로 응답된다. 이것은 하나님의 약속이기 때문에 절대 틀릴 수 없는 진리다.

수많은 사람이 오늘도 응답을 기다리며 기도하고, 기도하고 있다. 오늘도 기도하고, 내일도 기도하고, 여전히 기도하며 응답을 기다리고 있다. 그러나 하나님은 당신이 행동하기를 기다리고 계신다. 일어나서 요단 강을 건너라고 말씀하신다. 일어나서 여리고 성을 돌라고 명하신다. 일어나서 가나안 땅으로 들어가 싸우라고 말씀하신다. 믿음으로 행동할 때 요단 강은 갈라지고 여리고 성은 무너지고, 젖과 꿀이 흐르는 땅은 당신의 것이 된다.

더 이상 기다리지 말고 당신에게 주어진 것을 취하라. 당신에게 주어진 것을 담대하게 고백하고 얻은 것처럼 행동하라. 계속해서 응답을 고백하며 감사하라. 예수님처럼 감사와 찬양을 계속하라. 기도 응답을 받은 것처럼 행동하라. 야고보는 "행함이 없는 믿음은 그 자체가 죽은 것"(약 2:17)이라고 했다. 당신이 행동할 때 믿음은 완성된다. 하나님은 당신의 믿음을 보시고 기도 응답을 주신다.

chapter 5
하나님이 일하시는 방식
/ 마 13:12

하나님이 일하시는 방식을 알면 기도 응답은 쉽게 온다. 본문은 하나님이 일하시는 방식을 가르쳐주고 있다. 하나님은 축복으로도 역사하지만 망하는 쪽으로도 역사하신다. 하나님이 망하게 하시는 것이 아니라 우리가 망하는 일을 할 때 하나님이 그냥 버려두신다는 뜻이다. 예수님은 '있는 자는 자꾸 더해 주시고, 없는 자의 것은 빼앗아 버린다'고 말씀하셨다. 은혜 받는 자는 더 은혜를 받는다. 복을 받는 자는 점점 넘치게 받는다. 성숙한 자는 날마다 성숙한다.

그러나 시험에 드는 자는 더 시험에 든다. 안 되는 사람은 계속 안 된다. 죄 짓는 사람은 계속 더 큰 죄를 짓는다.

예수님은 평균을 만드시지 않는다. 잘 섬길 때는 떠밀어 주시고, 불신앙으로 갈 때는 그쪽으로 역사하신다. 당신이 악하게 행동하는데도 하나님이 억지로 길을 막고 강제로 인도할 것이라는 생각은 성경과 다르다.

어떤 사람은 '내가 거절해도 하나님의 뜻이면 강제로라도 나를 구원하실 것'이라고 말하는데 그것은 하나님의 성품을 몰라서 하는 말이다. 하나님은 악하게 나가면 악하게 나가도록 버려두신다.

"하나님께서 그들을 마음의 정욕대로 더러움에 내버려 두사 그들의 몸을 서로 욕되게 하셨으니" 롬 1:24
"그들이 마음에 하나님 두기를 싫어하매 하나님께서 그들을 그 상실한 마음대로 내버려 두사" 롬 1:28

하나님은 강제로 역사하시지 않는다. 우리가 선한 일을 할 때는 더 밀어주시고 지원해 주시지만 악하게 행동할 때 우리를 막아서지 않고 그대로 하도록 내버려두신다. 악한 자들이 망하는 이유가 여기에 있다.

하나님이 말씀을 통해서 감동을 주시고, 목사를 통해서 충고를 주시지만 선택은 당신 몫이다. 말씀이 있어도 거부하고 계속 자기 고집대로 하면 그 길로 가다가 아주 망하게 버려두신다. 이스라엘 백성들이 하나님의 말씀을 듣지 않고 자기 고집대로 행하니까 아예 그길로 죽 가도록 내버려 두셨다.

이들이 망하고 난 후에 "하나님이 계시면 왜 우리를 이렇게 버려두셨느냐"고 막 따지는 것이 성경에 나온다. 이스라엘 백성은 자기들이 좋아서 그 길을 갔다. 자기들이 선택해 놓고 고난이 오니까 하나님을 원망했다.

우리가 바로 이와 같이 한다. 내 고집대로 다 해 놓고는 어려움이 오면 왜 하나님께서 막지 않으셨냐고 항변한다. 하나님은 강제로 일하지 않으신다. 우리를 감동시키시지만 선택은 우리가 해야 한다.

신명기 30절 19절을 보면 "내가 생명과 사망과 복과 저주를 네 앞에 두었은즉 너와 네 자손이 살기 위하여 생명을 택하고"라고 했다. 하나님은 옳은 길의 축복과 악한 길의 저주를 우리 앞에 두시고 선택은 우리에게 하라고 하셨다.

한 문둥병자가 예수님께 왔을 때 예수님이 질문하기를 "네게 무엇을 해 주기를 원하느냐"고 했다. 여리고의 소경 바디매오가 왔을 때도 "네가 무엇을 원하느냐"고 물으셨다. 먼저 우리가 무엇을 할지 결정하고 나면 하나님이 역사해 주신다. 하나님은 내가 정하는 대로 밀어주신다.

이스라엘 백성들이 하나님의 말씀을 거역하고 패역한 길로 가니까 버려두셨다.

1. 안식일을 하도 잘 범하니까 아예 안식일을 지킬 수 없는 바벨론에 포로가 되게 해서 안식일 없이 살도록 만들어 버렸다.
2. 헌물과 십일조를 아까워하며 하기 싫어하니까 십일조 할 필요가 없는 바벨론 땅으로 보내어 70년 동안 노예가 되게 하셨다.
3. 이스라엘 백성들이 우상을 섬기고 하나님 섬기는 것을 싫어하니까 아예 하나님을 섬길 수 없는 이방 땅으로 보내어 우상만 섬기도록 만들어 버렸다.

출애굽기를 보면 바로가 이스라엘 백성을 풀어 달라는 모세의 말을 계속 거절하자 나중에는 하나님이 바로의 마음을 강퍅하게 만들어 버렸다고 했다. 여섯 번째부터는 하나님께서 바로의 마음을 강퍅하게 해서 더 이상 부드러워지지 못하게 심판해 버렸다. 이사야는 백성들이 계속 하나님의 말씀을 거역하니까 나중에는 하나님께서 그들의 마음을 강퍅하게 해서 말씀을 들어도 회개하지 못하도록 만들어 버렸다고 했다. 그래서 바울은 "지금은 은혜 받을 만한 때요 보라 지금은 구원의 날"(고후 6:2)이라고 했다. 지금 감동이 왔는데 듣지 않고, 돌이키지 않으면 나중에는 들어도 감동이 없고 돌이킬 마음조차 생기지 않는다는 경고다. 이것을 두고 성경은 화인 맞은 양심이라고 말한다.

진리가 들려도 거역하고 거짓을 믿기 좋아하는 사람들은 어떤가? 계속 거짓을 믿으면 나중에는 하나님께서 유혹의 영을 보내 거짓만 믿도록 만들어 버린다고 했다.

> "이러므로 하나님이 미혹의 역사를 그들에게 보내사 거짓 것을 믿게 하심은 진리를 믿지 않고 불의를 좋아하는 모든 자들로 하여금 심판을 받게 하려 하심이라" 살후 2:11~12

거짓말하는 사람의 입을 막아서 거짓말을 못하게 하는 것이 아니라 계속 거짓말을 하도록 거짓의 영에게 그 사람을 넘겨 버리는 것이다. 아합이 계속 하나님의 말씀을 듣지 않고 거짓 선지자의 말을 들으니까 하나님이 나중에는 거짓의 영에게 넘겨 버렸다.

> "한 영이 나아와 여호와 앞에 서서 말하되…내가 나가서 거짓말하는 영이 되어 그 모든 선지자의 입에 있겠나이다" 왕상 22:21~22

성경을 보면 가장 순결하고 정직한 사람이 욥인데 하나님도 욥의 신앙을 인정했다. 이 땅에서 저렇게 순결하고 정직한 자를 보겠느냐라고 마귀 앞에서 칭찬했다. 그런데 욥은 파산을 당하고 병이 들었다. 어떤 분은 "저 사람들은 착한데, 정직하게 살았는데 왜 이렇게 어렵냐"고 불평한다. "법이 없어도 살 사람인데 어떻게 저런 고통을 당하느냐"고 질문한다. "신실하고 예수 잘 믿은 사람이 왜 저런 실패를 당했냐"고 묻는다.

그러나 욥기에 답이 나온다.

> "내가 두려워하는 그것이 내게 임하고 나의 무서워하는 그것이 내 몸에 미쳤구나 나에게는 평온도 없고 안일도 없고 휴식도 없고 다만 불안만이 있구나" 욥 3:25~26

"우리 아들이 죽으면 어떡하나" 걱정했더니 그대로 죽었다. "내 사업이 파산하면 어떡하나" 두려워한 대로 파산되었다. "내 몸이 병들면 어떡하나" 염려한 대로 몸이 병들었다.

잠언 4장 23절에 "모든 지킬 만한 것 중에 더욱 네 마음을 지키라 생명의 근원이 이에서 남이니라"고 했다. 예레미야 6장 19절에 "땅이여 들으라 내가 이 백성에게 재앙을 내리리니 이것이 그들의 생각의 결과라"고 했다. 하나님은 우리가 마음에 정한 대로 이루어 주신다. 걱정하면 걱정한 것을 이루어 주시고, 두려워하면 두려워하는 것을 이루어 주신다.

욥은 걱정하고 두려워한 대로 그것을 응답 받았다. 기도 응답을 받으려면 이것을 알아야 한다. 기도하는 그 시간만 기도가 아니다. 에베소서 3장 20절에는 하나님은 우리의 '구하거나 생각하는 모든 것'에 넘치도록 채우신다고 했다. 기도하고 생각을 버리면 기도 응답은 없다. 기도한 대로 생각을 유지해야 한다.

성경은 항상 기뻐하라, 범사에 감사하라고 했다. 어떤 감정이 오든지 그것을 당장 받아들이지 말고 축복이 되는지 저주가 되는지 생각하고 구별해서 받아들여라. 나쁜 것, 부정적인 것, 악한 것을 받아들이지 말고 항상 축복과 형통을 생각하며 마음에 기쁨을 유지해야 한다.

욥은 마음은 순결하고 착했지만 생각을 지키지 못했다. 두려워하고 무서워했다. 그리고 그것이 응답되었다. 기도했으면 기도한 것을 생각하라. 하나님의 약속으로 생각을 가득 채워라. 기쁘고 감사한 것, 복된 것으로 항상 마음을 가득 채워라. 그래야 그것을 응답으로 받는다.

우리가 기도에서 놓쳤던 너무 중요한 진리다. 기도하고 걱정하면 기도는 죽어버린다. 기도했으면 생각으로 자꾸 물을 주고 가꾸어야 한다. 시간이 얼마나 걸리건 자꾸 생각으로 물을 주고 가꾸면 나중에 풍성한 열매를 추수할 수 있다.

요엘 3장 10절에 "약한 자도 이르기를 나는 강하다 할지어다"라고 했다. 몸의 상태가 중요한 것이 아니다. 마음의 생각이 중요하다. 마음에 병자라는 생각을 가지고 있는 한 병에서 벗어날 수 없다. 먼저 병자 의식을 벗어야 병에서 벗어날 수 있다. 병의 증세가 비록 몸에 있지만 나는 건강하고 생명이 넘친다고 스스로 생각해야 병에서 벗어날 수 있다.

예수님에게 중풍병자가 왔을 때 네 침상을 가지고 일어나 가라고 하셨다. 무자비하고 비현실적인 말이다. "조심하세요." "살살 일어나세요." "옆에서 좀 붙들어 주세요." 아픈 사람에게는 이렇게 말해야 정상이다. 그런데 예수님은 병자를 한 번도 병자 취급하지 않으셨다. 예수님은 환자를 이미 건강한 사람처럼 생각하고 대하셨다.

믿음의 사도 스미스 위글스워스 전기를 보면 이런 이야기가 수없이 많이 나온다. 위글스워스의 집회에 겨우 침대에 들려 참석한 암 환자가 있었는데 누군가가 부축해 주지 않으면 절대로 일어설 수 없을 만큼 쇠약해져 있었다.

그런데 목사님이 갑자기 그 사람을 부르더니 앞으로 인도해서 일으켜 세웠다. 두 사람이 양쪽에서 억지로 부축해서 일으켜 세우니 "손을 놓으세요"라고 명령했다. 손을 놓으니 픽 쓰러졌다. 다시 일으켜 세우라고 하고는 말하기를 "당신은 예수 이름으로 건강하니 혼자 서 있으십시오"라고 명령했다. 그런데 또 픽 쓰러졌다.

우리 같으면 무안해서 못할 것인데 위글스워스는 또 일으켜 세우라고 했다. 손을 놓으라고 하니 앞에 앉아 있던 신사가 목사님을 비난하면서 당신은 어떻게 이렇게 무자비할 수 있느냐고 소리쳤다. 위글스워스는 그 사람을 보고 "나는 내 일을 하고 있으니 당신은 당신 일이나 잘 하시오" 하고는 다시 손을 놓으라고 했다. 옆에 부축하고 있던 사람들이 당황하니까 강하게 명령했다. 손을 놓았는데 이번에는 쓰러지지 않는다. 그때 위글스워스는 "예수 이름으로 나았으니 당장 가서 맛있는 식사를 하시오"라고 선포한다. 몇 년째 미음밖에 먹지 못한 사람에게 식사를 하라고 하니 다들 기절할 지경이다.

그런데 다음날 그 사람이 뛰면서 와서 간증을 했다. 집으로 돌아가 먹고 싶은 것을 다 먹었는데 소화가 잘 되고 지금 완전히 나아서 스스로 교회 나온 것이라고 했다. 우리에게도 때때로 이런 믿음이 필요하다. 우리는 너무나 현실에 매여 있다. 우리가 믿음의 반석 위에 더 강하게 서 있을 때 더 많은 응답을 받을 수 있다.

기도 응답은 하늘에서 떨어지지 않는다. 응답은 선택의 결과다. 하나님은 당신이 선택한 것을 밀어주신다. 좋은 것이든 나쁜 것이든 선택한 것을 거두게 하신다. 기도했는가? 의심하지 마라. 마음에 의심이 있다는 것은 당신이 의심을 선택했다는 증거다. 의심을 선택하면 응답은 거절된다.

기도했으면 굳세게 응답을 선택하라. 환경이 부정적으

로 흘러가고 여론이 악화되고, 몸의 증세가 더 나빠지고 문제가 더 커지더라도 흔들리지 마라. 마음에 응답을 가득 채워라. 당신 마음에 응답을 가득 채울 때 주님은 기꺼이 응답해 주신다.

당신의 기도는 풍성한 응답을 받는다.

|판 권|
|소 유|

기도의 힘

2015년 2월 25일 인쇄
2015년 3월 2일 발행

지은이 | 박요한
발행인 | 이형규
발행처 | 쿰란출판사

주소 | 서울시 종로구 이화장길 6
TEL | 745-1007, 745-1301~2, 747-1212, 743-1300
영업부 | 747-1004, FAX / 745-8490
본사평생전화번호 | 0502-756-1004
홈페이지 | http://www.qumran.co.kr
E-mail | qrbooks@gmail.com
　　　　　qrbooks@daum.net
한글인터넷주소 | 쿰란, 쿰란출판사

등록 | 제1-670호(1988.2.27)

책임교열 | 오완

값 10,000원

ISBN 978-89-6562-729-6 03230

* 이 출판물은 저작권법에 의해 보호를 받는 저작물이므로 무단 복제할 수 없습니다.
　잘못된 책은 교환해 드립니다.